Dancing In The Sun, Rest By The Sea

KB084098

Contents

6/ We Live In Jeju Island
제주에 살멍

16/ Freely Like A Wind
바람이 불어오는 곳

26/ 'The Oreums' In The Carrot Field
당근밭에 떨어진 다섯 개의 오름

36/ Please, Do Not Neglect
1m 너머 세상으로

46/ #기록 #제주 #개 #유한함

54/ 제주의 시간은 느리고 빛나지

60/ Jeju&Atelier Indigoterie

68/ Book Store Jeju Pulmujil

76/ Jeju Alley Cafe Oksu

84/ Bed And Breakfast
수네민박

92/ Noodle And Pooldle

102/ We Will Protect You And Jeju's Memory
제주개 생활연구소

108/ Gyul Entertainment

제주에서 가장 빛나는 귤

112/ Helping Out Abandoned Pet's In Jeju

114/ Jeju Art Studio

재주껏 제주를 그리다
<재주그림관>

118/ Maltese in Malta

124/ The Greatest Gift For Our Family

욕지도 삼형제

130/ Welcome To The End Of World

세상 끝 동소우이도

140/ Mango's Backpacking Daeijakdo &Ulleungdo

150/ Jindo Is Back

진도가 돌아왔다

156/ 독도수호 삽살개 "우리가 지킬개"

162/ Being a Family Means

처음부터 끝까지 '한결'

168/ Hello, I'm Junsang I'm Looking For My Family

172/ Let's Make Our World Better Together

온기를 모아모아

From. Director

GREETING

섬에는 이중성이 깃들어 있다. 고립과 자유. 육지와의 연결이 끊어진 섬은 접근이 제한적이다. 고립된 공간이기에 과거 유배지로 쓰이기도 했다. 동시에 섬은 육지의 틀을 벗어나 길들여지지 않은 자유롭고 독창적인 공간이 될 수 있었다. 우리는 섬과 같다. 육지의 소속감을 느끼고 싶으면서 때론 바다 위 섬처럼 해방감을 느끼고 싶어한다. 일상에서 벗어나 휴가를 떠나고 픈 마음이 바로 그것 아닐까.

동심이 발갛게 피어오르던 시절, 우리가 사랑하는 계절은 여름이었다. 태양빛이 작은 눈망울을 반짝이게 하고 뽀송한 솜털과 살갗 사이사이 자유의 기쁨을 새겨준 계절. 그리고 '방학'이라는 이름으로 뜨거운 설렘을 완성시켜준 계절.

돌아보니 섬과 여름은, 자유와 낭만의 햇볕 아래 서로 닮아 있다. mellow Vol.3는 여름의 섬 안에서 '멜로우 라이프'를 공유하는 반려동물과 동반자의 이야기들을 담았다. 태양 아래 웃음의 춤으로 해방된 아이의 모습을 한 그들처럼 우리 역시 낭만의 바다로 겁 없이 뛰어들 수 있기를 바라며.

디렉터 **김은진**

We Live
In Jeju Island

제주에 살멍

도시를 벗어나 바다로, 또 산으로 틈만 나면 문밖을 나섰다. 그 중 한 곳이 제주였다. 일상으로 돌아온 뒤에도 제주의 넘실거리는 파도에 마음이 울렁였다. 정신을 차려보니 양 손엔 켄넬과 제주행 비행기 편도 티켓이 쥐어져 있었다.

글·사진 한민혜 @leagueofcorgis / 에디터 조문주

바다를 담은 섬 제주에 살고 계시네요.

안녕하세요. 제주도에서 웰시코기 '롤 남매' 코르키(7살) 에코(5살)와 아웃도어 라이프를 즐기며 살아가는 브랜드 디자이너 개언니입니다. 저희는 한라산이 보이는 제주 표선의 작은 시골 동네에서 살고 있어요.

도시에 살다 제주에 정착하신 거죠?

롤 남매와 도시에서 살 때 매일 같은 아파트 단지를 산책하는 게 너무 재미없게 느껴졌어요. 아파트 산책 말고 애견 카페 말고 롤 남매와 뭘 할 수 있을까 고민하다가 함께 여행을 떠나야겠다고 생각했죠. 그때만 해도 반려견과 여행한다는 게 일반적이지는 않았을 때라 정보가 많지 않아서 어디에 출입할 수 있는지 일일이 찾아봐야 했어요. 지자체에 전화해 보고 반려견과 여행을 다니는 사람들의 정보를 찾아다니던 기억이 나네요. 중형견인 웰시코기 두 아이와 도심을 다니는 게 부담스럽기도 하고 출입이 안 되는 곳도 많다 보니 매 주말 산으로 바다로 전국 방방곡곡을 여행하게 되었어요. 그러다 버킷리스트였던 제주 한 달살기에 우연히 도전하게 되면서 한 달도 채 안 되는, 25일 만에 제주도와 사랑에 빠지고 말았어요. 우리는 제주에 살아야겠다! 마음먹게 된 거죠. 이건 저뿐만이 아니라 롤 남매도 마찬가지였을 거예요.

제주로 이사 오는 게 쉽지는 않았을 거 같아요.

이주하기 전 롤 남매와 두 번 제주를 다녀왔어요. 한 번은 비행기를 타고 한 번은 배를 타고 다녀왔어요. 규정상 반려견은 켄넬 포함 무게가 7kg까지 기내에 탑승할 수 있고, 그 이상은 위탁 수화물로 보내야 해요. 중형견인 저희 아이들은 이미 몸무게만 14kg이기 때문에 규정대로 할 수밖에 없었죠. 혼자 김포공항까지 운전해서 차를 맡기고 켄넬 두 개를 챙기고 또 제주공항에 도착해서 차를 빌리는 과정이 너무 힘들더라고요. 그래서 두 번째 제주에 갈 때는 자차를 이용해 완도항으로 갔어요. 반려견과 여행하는 사람들이 많아지면서 갑판에도 동반할 수 있게 시스템이 잘 갖춰져 있었지만, 꽤 무게가 나가는 켄넬을 갑판까지 혼자 챙기기가 어렵다고 판단해 두 시간 만에 가장 빠르게 제주에 도착하는 쾌속선을 이용했습니다.

제주로 이주가 결정된 뒤에 그간의 경험을 바탕으로 완도항에서 배편 먼저 예약했어요. 날씨가 너무 더워서 배로 이동하는 동안 트렁크에 너무 오랜 시간 있으면 아이들에게 안 좋을 것 같아 새벽에 출발하는 첫 배를 예약했어요. 출발 당일, 안전하게 롤 남매를 켄넬에 넣은 뒤 차에 빈틈없이 짐을 가득가득 싣고 400km 멀리 떨어진 완도로 출발했답니다. 오전 배 시간을 맞추기 위해 새벽 1시에 출발했었는데 출발 후 두 시간여쯤부터 졸음이 몰려왔어요. 휴게소에서 셋이 껴안고 좁은 차에서 쪽잠을 잔 뒤에 안개가 너무 끼어 한 치 앞이 안 보이는 길을 한 시간쯤 달리다가 너무 무서워 롤 남매와 잠시 졸음 쉼터에서 산책하며 쉬기도 했죠. 제주로 이주하며 겪었던 모든 일이 저희에게 소중한 추억으로 남았어요.

제주와 도시의 반려 생활은 많이 다르죠?

가장 큰 변화는 평일과 주말의 경계가 사라졌다는 점이에요. 경기도에 살며 서울로 직장을 다닐 때, 평일은 출근 전, 퇴근 후 아파트 단지를 산책하는 게 다였어요. 주말이나 되어야 공원이든, 산이든 더 멀리 떠날 수 있었죠. 하지만 제주에 오고 나서는 문만 열면 공원이고 산책로이기 때문에 롤 남매가 뛰어놀고 다양한 냄새를 맡고 부비부비 할 수 있는 시간이 조금 더 늘어났죠. 그래서일까요? 애들 표정이 참 많이 바뀌었어요. 다른 강아지들에게 예민하던 코르키 성격도 많이 바뀌었고, 밖에 나갈 때 엄청 흥분하던 에코도 많이 차분해졌어요. 그리고 무엇보다 제가 많이 바뀌었어요. 예전에는 이거 안돼! 저거 안돼! 짖지 마! 뛰지 마! 안된다는 소리밖에 안 했는데, 제주에서는 눈치 보지 않아도 되니까 애들에게 큰소리를 내는 일이 없어졌어요.

집 근처에서 바다 수영을 하고, 오름 산책을 하며 롤 남매는 온몸으로 제주를 느끼고 있네요.

육지에 살 때 주말마다 코르키, 에코와 등산을 즐겼어요. 그래서 제주도에서도 함께 오름을 오를 생각에 들떠있었죠. 하지만 제주도에 와서 정착하니, 제주도민들은 웬만해서는 반려견과 오름을 가지 않는 걸 알게 되었어요. 한 번은 아무것도 모르고 백약이 오름에 올랐다가 온몸에 진드기가 붙어 롤 남매가 며칠 고생한 적이 있었어요. 밤새도록 긁길래 털 사이사이를 봤더니 깨알 같은 진드기가 온몸에 붙어있었죠. 그 이후로 다시는 여름에 아이들과 오름에 가지 않겠다고 다짐했어요. 진드기는 정말 무서워요. 주변에 '바베시아' 진드기에 물려 생사를 오가고 고생하는 강아지 친구들을 봐온 터라 여름에 반려견과 제주에 오시는 분들께 외부기생충 약을 꼭 챙기라고 말하고 싶네요.

그래서 롤 남매는 바다와 조금 더 가까이 지내고 있어요. 특히 표선 바다는 애월처럼 바다가 깊지 않고 잔잔해서 수영을 좋아하지 않는 아이들도 자연스럽게 물과 친해지고 놀 수 있어 좋아요. 해변이 커서 자유롭게 뛰어다닐 수 있는 장점도 있죠. 덕분에 여름이 되면 저는 거의 항상 수영복과 타월을 차에 가지고 다니고 틈만 나면 롤 남매와 수영하러 바다에 갔어요. 우리가 제주에 오길 참 잘했다고 생각하면서요.

서핑을 좋아하나 봐요. 멜로우 독자들 중에도 반려견과 서핑을 꿈꾸는 분들이 많아요(웃음).

처음 롤 남매와 워터 스포츠를 도전한 것은 한강에서 타던 SUP였어요. '스탠드업 패들보드'요. 저는 노를 젓고 롤 남매는 보드 위에 앉아서 여유롭게 한강의 아름다운 풍경을 즐겼어요. 아이들이 무서워하지 않고 꽤 즐겼던 게 기억이 나서 서핑도 함께 해보면 어떨까 싶었어요. SNS에서 간혹 본 외국 서핑독들이 너무 멋있어 보이기도 했고요.

코르키보다는 에코가 바다 수영을 좋아하는 편이라 처음에는 에코와 서핑을 도전했어요. 근데 서핑보드 위에 올려놓으니 에코가 조금 무서워하는 게 눈에 보이더라고요. 그제서야 에코가 보드를 타는 것 보다 직접 수영하는 것을 좋아하는걸 더 알게 되었어요. 오히려 수영을 별로 좋아하지 않는 코르키가 보드 위에 있는 걸 더 즐겼던거죠. 그래서 그 이후부터는 에코와는 잔잔한 바다에서 SUP를 즐기고, 코르키와는 서핑에 조금씩 도전해보고 있답니다.

이전에 트레킹도 다니고 차박도 하시며 아웃도어 라이프를 즐기셨는데, 다가오는 여름 롤 남매와 어떤 일상을 보내고 있을까요?

이번 여름에는 롤 남매와 올레길 완주에 도전해 보려고 해요. 중간중간 가능하면 차박도 하고, 가볍게 오름도 올라보고, 그날그날 흘러가는대로 제주를 한 바퀴 돌아보는 거죠. 한달살기 할 때는 전투적으로 제주를 돌아다녔지만, 막상 이곳에 살게 되니 정착하느라 바빠 생각보다 구석구석 많은 곳을 돌아다니지는 못했어요. 이번 여름에는 롤 남매와 함께 그간 가보지 못했던 제주 구석구석을 더 돌아다니며 더 많은 시간을 함께할 생각입니다.

Freely Like A Wind

바람이 불어오는 곳

제주도의 바람은 광활한 자연을 자유롭게 내달린다.
들판을 가로질러 숲속으로 뛰어드는 명랑한 보더콜리 같달까.

글·사진 장숙주 @jeju_arc / **에디터** 박조은

안녕하세요. 아크와 티그네, 소개 부탁 드립니다.

반갑습니다. 제주에 살고 있는 보더콜리 형제 아크, 티그네입니다. 아크는 2018년 봄에 태어난 블랙 앤 화이트 보더콜리 남자아이예요. 친구와 사람을 아주 아주 좋아하는 강아지죠. 처음 보는 사람만 나타나면 공을 물고가서 던져 주길 기다리고요. 멋진 점프를 보여주면서 신나게 공놀이를 해요. 익숙한 엄마랑 티그랑 셋이 있을 때는 공놀이를 하지도 않으면서 그런답니다(웃음). 2019년 여름에 태어난 블루멀 보더콜리 남자 동생이에요. 티그는 아크와 달리 소리에 예민하고 겁이 많은 편이죠. 하지만 친구랑 뛰어노는 것을 좋아하는 천상 밝은 보더콜리입니다. 엄마 말도 잘 듣는 착한 아이지요. 티그는 잡기 놀이를 좋아해요. 그래서인지 달리기, 공놀이를 좋아하는 보더콜리보다는 잡기 놀이를 더 많이 해주는 진도 친구들이랑 더 잘 노는 것 같아요. 아크와 티그, 두 형제가 성격은 많이 다르지만 싸우지 않고 사이좋게 잘 지내고 있어요. 따로 또 같이, 독립적이면서도 조화롭게 사는 그런 느낌이랄까요.

보더콜리와 가장 어울리는 아웃도어 라이프 스타일을 갖고 계신 것 같아요. 넓은 들판에서 맘껏 뛰노는 아크와 티그를 보면 '자유'라는 단어가 떠올라요.

아이들은 말똥과 소똥을 온몸에 묻히고 왔을 때 가장 행복해 보여요. 똥에 열심히 몸을 부비고 있을 때 보면 아주 세상을 다 가진 표정이죠. 그 외에도 노루를 잡으러 뛰어갔다 왔을 때, 친구들이랑 들판에서 신나게 뛰어노느라고 정신없을 때… 아무래도 엄마 말 안 들을 때 제일 행복한가 보네요(웃음).

Chuckit!
PARAFLIGHT

오름과 바다를 넘나들며 신나게 놀면서 기억에 남는 순간이 있으신가요?

사실 아크와 티그는 육지에서 온 '도시 개' 친구들보다도 수영을 못하는 '섬 개'랍니다. 아직은 수영이 무서운가 봐요. 대신 숲속 탐방은 정말 잘하죠. 아크의 친구들이 놀러 오면 꼭 함께 가는 숲이 있어요. 그늘이 많아서 여름에도 산책하기 좋은 곳이에요. 한 번은 찌는 듯한 여름에 아크랑 아크 친구랑 숲길을 산책하다가, 하이킹을 하고 있는 사람들을 만났어요. 사람들이 나타나면 아크와 친구들은 일단 앉아서 기다리곤 해요. 강아지를 무서워하는 사람들도 있으니까요. 그 때도 사람들이 지나가길 기다리고 있었어요. 그런데 그 중 한 분이 다가오시더니 본인이 드시기 위해서 싸가지고 온 얼음을 아크와 아크 친구한테 나눠 주시더라고요. "너희도 더워서 앉아있는 거니?" 하시면서요. 이렇듯 이 숲길은 강아지를 좋아하시는 분들을 많이 만나서 좋은 기억이 있는 곳이에요. 그래서 이 공간이 널리 알려지지 않았으면 하는 생각이 있었어요. 사람들이 많이 오게 되면 그만큼 펫티켓을 지키지 않는 분들도 많아져서, 그 장소가 반려견 출입 금지가 되는 경우가 많거든요. 아크가 아기였을 때보다 반려견이 출입 금지된 곳이 점점 많아지고 있어요. 속상한 일이죠.

또 한 번은 '따라비 오름'에서 어떤 아저씨를 만났어요. 아저씨는 제주도에서 태어나서 지금까지 쭉 살아오셔서 오름에 대해 굉장히 잘 아시고, 가을에는 오름 해설 가이드로 일하고 계시는 분이었어요. 그 분의 설명을 듣고 오름을 오르니 풍경이 이전과는 달라 보였어요. 저도 공부해서 놀러 온 육지 친구들에게 제주에 대해 이야기해 주면 정말 좋겠다는 생각을 했어요. 아직까지 생각만 하고 있지만요(웃음). 그리고 아저씨가 "강아지는 자유롭게 뛰어놀아야 하는 것 아니냐"면서 아크와 티그의 줄을 풀어주라고 하셨어요. 아주 이른 시간이었기 때문에 오름에 사람이 없었어요. 그래서 조심스럽게 줄을 풀고 신나게 오름을 산책했어요. 아크와 티그를 데리고 다니면서 자연스레 사람들과 대화도 더 많이 하게 되고, 많은 걸 알게 되고, 잊지 못할 기억들이 쌓이는 것 같아서 참 좋아요.

여러 반려견 친구들과 함께 신나게 놀러 다니는 모습을 봤어요.

육지에서 친구들이 오면 놀기 좋은 곳으로 데리고 다니곤 해요. 아크가 가이드를 하기 때문에 이름은 <아크투어>라고 부르고 있어요. 아크투어의 모토는 '일출부터 일몰까지'예요. 체력에 자신 있는 분들, 제주여행 오시면 아크투어에 참여하세요. 아크투어는 탐험과 극기훈련을 좋아하는 모든 강아지와 보호자에게 열려 있답니다. 그런데 사실 아크는 특별히 친한 친구는 없어요. 아크는 관심 받는 걸 좋아해서 지나가는 모든 친구와 인사를 해야만 직성이 풀리는 성격이지만 그 관심이 금방 식어버리는 편이거든요. 대신 아크는 친구 말고 '바나나'라는 부인이 있어요. 전주에 사는 바나나네 가족이 제주에 여행을 왔을 때 만나게 되었어요. 매번 제주 올 때 마다 만나서 놀다 보니 인연이 되어 결혼을 하게 되었어요. 아크와 바나나 사이에서 6남매가 태어났는데 입양 후 다들 좋은 가족들 만나 행복하게 잘 지내고 있답니다. 바나나네는 지금 사람 아기 쌍둥이까지 육아 중이라 제주도를 못 오고 계시네요. 장거리 부부가 된 거죠, 뭐(웃음).

제주 섬에서의 하루하루는 어떤 가요? 꿈 같이 좋아 보여요.

서울에서 살 때 저는 거의 모든 일상이 집과 회사뿐이었어요. 그러다가 10년 넘게 다니던 회사를 퇴사하면서 제주도로 이주를 결정하게 되었죠. 제주도에 내려온 초반에는 서울에서처럼 주로 집에서 지냈지만, 아크와 티그를 만나게 되면서 집순이 생활을 청산하고 제주의 특별한 매력을 느끼기 시작했어요. 강아지들에게 고마운 마음이 참 큽니다. 집 가까운 곳에 자연이 펼쳐져 있는 것이 제일 좋아요. 봄에는 노란 유채꽃, 여름에는 파스텔 색깔의 수국, 가을에는 하얀 억새와 핑크 뮬리, 겨울에는 새빨간 동백꽃이 피어 계절마다 새로운 색깔을 느낄 수 있어요. 겨울이 와도 숲과 들판이 초록 초록해요. 알수록 매력의 끝이 없는 섬이죠. 음… 단 하나, 강아지와 같이 육지로 나가는 게 좀 어렵긴 해요. 갑자기 육지에 일이 생겼을 때에 비행기나 배를 예약하는 게 쉽지는 않거든요. 그 외에 제주도에서 딱히 어렵거나 힘든 점은 아직 못 느낀 것 같아요. 아무래도 제주도가 체질인가 봐요.

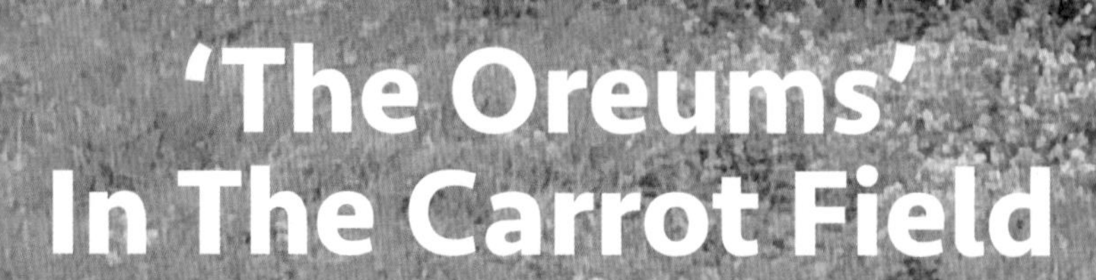

'The Oreums' In The Carrot Field

당근밭에 떨어진 다섯 개의 오름

설문대 할망은 푸른 바닷속에서 흙을 퍼올려 제주 섬을 만들었다. 할망이 치마폭에 흙을 모아 옮길 때, 치마가 터진 구멍으로 흙덩이들이 떨어져 '오름'이 되었다고 전해진다.

글·사진 이명옥 @jejuoreum5 / 에디터 박조은

안녕하세요. '오름이들' 반갑습니다.

안녕하세요. 제주도 남쪽 마을 서귀포에 살고 있는 오름이네 가족입니다. 다섯 쌍둥이 가운데 세 아이와 살고 있어요. 잘생긴 얼굴과 멋진 몸매 그리고 충직함을 두루 갖춘 거문이, 고양이처럼 새침한 매력의 사라, 애정과 귀여움이 넘치는 토실토실한 용눈이와 살고 있죠. 어린 시절 서울에서 가족을 만난 백약이와 인천에서 가족을 만난 새별이도 있어요. 이렇게 다섯 아이들 모두 한 배에서 태어난 오름이들이랍니다.

아이들 이름이 특별해요. 제주 느낌이 물씬 나요.

오름이들은 당근밭에 버려진 아기 유기견들이었어요. 한꺼번에 다섯 마리를 구조하게 되었죠. 아이들을 입양 보내려면 어떻게든 사람들의 기억에 남게 해야겠다고 생각했어요. 그러려면 아무래도 네이밍이 가장 중요할 것 같았어요. 오름의 이름을 따서 하나씩 이름을 붙여주면 제주스러우면도 흔하지 않으니 좋은 아이디어라고 생각했죠. 또, 다섯 마리를 묶어 '오름이들'이라고 부르면 딱 좋겠더라고요.

오름이들을 만나게 된 사연이 특별하다고 들었어요. 당근밭에서 만나셨다고요?

음… 처음 만났던 당시를 회상해 보자면 저는 아직 제주도에 완벽하게 정착하지 못한 상황이었어요. 육지에서 출판사 북디자이너로 일하다가 제주도로 이사 온 이후에도 가끔씩 디자인 일을 외주로 받았지만 벌이가 충분치는 않았거든요. 그래서 의뢰가 들어오면 벽화를 그리는 일도 했었어요.

오름이들을 만났던 그날도 벽화 업무가 들어와서 집에서 꽤 먼 거리의 현장으로 가고 있었어요. 꽃샘추위가 매섭고 비바람이 불던 날이었어요. 비가 내리면 벽화 작업은 진행할 수가 없어서 취소되곤 해요. 그런데 그날 아침까지만 해도 날씨가 많이 나쁘지 않아서 작업을 할 수 있을 거라고 생각하고 집에서 출발했죠. 현장에 거의 다 도착해서 길을 잘못 들었고, 어느 당근밭 옆을 지나가게 되었어요. 그리고 그 당근밭에서 오름이들을 마주쳤죠. 이 모든 과정이 우연 같아 보이지만, 저는 우연이 아니라고 생각해요. 그날 먼 동네로 벽화를 그리러 갔던 것도, 길을 잘못 들어 낯선 길로 접어들었던 것도, 불쌍한 어린 개들을 외면하지 못했던 것도, 모두 필연이었다고 생각해요. 만나야 할 것들은 언젠가 어떻게든 만나게 되더라고요.

정말 인연이라는 것이 있나 봐요. 작은 생명들을 지나치지 않고 구조해 주셔서 정말 감사해요. 그럼 오름이들과 함께 살기 위해서 제주에 살게 되신 건가요?

오름이들 때문에 제주도에 살게 된 것은 아니지만, 제주도 안에서도 조용한 시골 마을에 집을 마련한 이유는 오름이들 때문이 맞아요. 남편과 제가 제주도에 내려온 것은 2016년 봄이었어요. 남편과 원래 알던 사이는 아니었고요. 각자 도시에서의 삶을 내려놓고 섬으로 내려왔다가 제주에서 만나 연애를 하고 결혼까지 하게 되었죠. 그리고 자연스럽게 제주 정착으로 이어졌어요. 그렇게 지내던 중에 오름이들을 만난 거예요. 오름이들을 만나기 전엔 제주에서도 나름 복잡하고 큰 동네에 살고 있었지만 지금은 중산간 마을에 살고 있어요. 흔한 배달음식 한 번 시켜 먹기 어려운 곳이랍니다. 과거 서울에서 대도시의 인간으로 살던

제가 이렇게나 시골 생활에 적응할 수 있을 거라곤 꿈에도 생각해 본 적이 없었어요.

만화 <당근밭의 오름이>를 그리고 계시잖아요. 저도 읽어봤는데, 순식간에 끝까지 읽게 되는 만화였어요. 빨리 다음 주가 왔으면 좋겠네요(웃음).

맞아요. 지금 '만화경'이라는 플랫폼에서 <당근밭의 오름이들>이라는 제목의 만화를 매주 한 편씩 연재하고 있어요. 조금은 마음 짠한 이유로 시작하게 된 작품이에요. 오름이들을 처음 만났을 때, 난데없이 꼬물이 강아지 다섯 마리를 구조해버리고 그 이후로 한동안은 제정신이 아니었어요. 이 녀석들을 어떻게 해야 입양을 보낼 수 있을지 고민하느라고 정신이 없었죠. 아무래도 임시보호와 입양처를 구하기 위한 홍보가 제일 중요하겠다 싶어 웹툰을 그리기 시작했어요. 인터넷을 보니 안타까운 사연을 가진 아이들이 너무나도 많았거든요. 그 수많은 아이 중에서 오름이들이 조금이라도 기억에 남고 특별하게 느껴지려면 스토리텔링이 필요하겠다 싶었어요. 그렇게 오름이들을 만나게 된 사연을 담은, 삐뚤빼뚤 서툰 웹툰을 그리게 되었어요. 이 만화를 훗날 만화경의 담당 PD님이 발견하시고 연락을 주신 거죠.

PD님이 좋은 이야기를 알아보셨네요. 아직 만화에 나오지 않은 오름이네 일상이 궁금해요. 물 좋고 공기 좋은 제주도에서 어떻게 지내고 계시나요?

진심으로 평온하고 만족스럽게 살고 있어요. 매일 보는 하늘, 매일 보는 바다인데도 어쩜 이렇게 하루하루 다른지! 오름이들과 산책할 때 보는 풍경에 늘 감동하며 살아요. 무엇보다 좋은 점

은 빠르게 흐르는 계절과 시간을 피부와 가슴으로 느끼며 살아간다는 것이에요. 오름이들과 함께하는 평범한 일상이 소중하다는 것을 매시간, 매분, 매초 느끼고 있어요.

오름이들을 만나게 된 사연에 관한 이야기가 끝나고 나면 아이들과의 소소한 일상툰도 그려보고 싶어요. 그런데 사실 일상이 너무 단조로워서 만화로 그릴 만한 이야기가 있을지 모르겠네요. 매일매일 산책과 산책, 그리고 또 산책으로 이어지는 일상이거든요. 아마도 개 키우시는 분들은 다들 공감하실 거라고 생각해요. 아침에 눈뜨면 가장 먼저 모닝 산책을 다녀오고요. 그 이후에 부부가 각자 출근을 해요. 남편이 오후에 잠시 집에 들러 또 산책을 하고요. 해가 지면 저와 남편 중 그날 체력과 시간이 여유 있는 사람이 저녁 산책을 하지요. 저녁을 먹고 자기 전에 잠깐 쉬야 산책을 하고요… 이렇게 매일 반복입니다. 어… 근데 이거 생각해보니 만화로 그리면 아무 재미가 없을 것 같네요(웃음).

만화에서 '사랑하는 존재란 너무도 간단히 누군가를 변하게 한다'라는 문구가 마음에 와닿았어요. 어떤 의미인가요?

<당근밭의 오름이들> 2편을 보셨군요. 오름이들을 만나기 전의 남편은 그다지 감성적인 사람은 아니었어요. 그런데 어느 날, 노을이 지는 바다 앞에서 오름이들 산책을 하다가 그런 말을 하더라고요. "힘들고 귀찮은데 막상 나오면 참 좋더라. 이게 나름대로 치유가 되는 것 같아." 치유라는 단어를 쓰다니. 오름이들을 만나고 남편이 많이 변했다고 생각했어요. 만화에서는 '많이 컸다'라고 표현했지만요(웃음).

오름이들이 우리의 일상을 뒤흔들어 놓기 시작하면서, 저희 부부를 포함한 다른 가족들까지도 모두 변했어요. 부모님과 제 동생, 그리고 남편의 동생까지도 오름이들을 진심으로 사랑하며 가족처럼 여기게 되었어요. 이런 모습을 볼 때마다 놀라워요. 이 녀석들은 도대체 뭐길래 이렇게 우리 가족의 마음을 모두 빼앗은 걸까요? 이 녀석들은 그냥 평범한 개들이에요. 시골 가면 한 집 걸러 한 집, 어디에서나 볼 수 있는 흔하디흔한 녀석들이죠. 엄청난 장기가 있는 것도 아니고 무진장 멋지거나 아름다운 것도 아닌데, 우리 가족에겐 세상에서 가장 소중하고 가장 빛나는 존재가 되었어요.

바다가 보이는 넓은 들판을 자유롭게 뛰어다니는 모습이 행복해 보여요.

제주도에 살면 도시처럼 시설이 잘 되어있는 공원이나 반려견 운동장은 만나기 힘들어요. 걷기 편한 도로도 비교적 적고요. 대신 인적이 드문 해변이나 들판 같은 자연 속에서 산책을 즐길 수 있죠. 눈이 많이 오는 날이면 평소에 친하게 지내는 멍멍이 친구들을 만나 깊은 산속에서 다 같이 눈썰매를 타기도 하고요. 해가 길어지는 계절엔 아무도 모르는 비밀의 해변 같은 곳을 찾아내 날이 어두워질 때까지 뛰놀기도 하지요. 자연 속에서의 개들은 정말 아름다워요. 그 맑은 눈을 게슴츠레하게 뜨고 부서지는 햇빛을 바라볼 때, 축축한 코를 씰룩이며 불어오는 바람을 느낄 때, 온전히 자연의 일부로서 존재하는 개들을 볼 수 있어요. 그런 모습을 바라볼 때면, 저렇게 완벽한 존재가 인간의 친구가 되어준다는 것에 감동하게 돼요.

기운이

Please, Do Not Neglect

1m 너머 세상으로

제주도는 한국에서 가장 큰 섬이다. 1,847㎢에 달하는 면적은 수도 서울(605㎢)의 3배 이상. 그리고 제주의 중심이 되는 한라산은 그 해발고도가 1,947m로 남한에서 가장 높은 산으로 유명하다. 또한 섬을 둘러싼 바다는 사방의 수평선을 향해 끝없이 나아간다. 이토록 광활한 공간이건만, 제 아무리 발버둥 쳐도 '반경 1m'를 채 벗어나지 못하던 존재들이 있었다. 그리고 그들의 목에서 속박의 끈을 풀어준 이가 있었다.

글·사진 정다혜 @mari__jeju / 에디터 박재림

안녕하세요. 파란 하늘 아래 초원을 달리는 강아지의 모습이 마치 그림 같아요.

감사해요. 전 정다혜라고 하고, 이 친구는 골든리트리버 '마리'입니다. 6월을 맞이해 두 살이 된 순둥순둥한 여자아이죠. 저는 남편, 그리고 강아지 셋과 살고 있어요. 제주에 정착한 지는 2년하고도 3개월이 되었네요. 이곳에 오기 전만 해도 남편과 단 둘이 서울에서 살았어요. 제주에 오면서 가족이 확 늘었죠.

제주로 오신 특별한 이유가 있었나요?

서울서 10년째 회사 생활을 한 남편의 꿈이었어요. 더 시간이 가기 전에 제주에서 살아보고 싶다면서요. 스쿠버다이빙 강사로 일하는 저에게도 바다로 둘러싸인 제주는 잘 맞는 곳이었죠. 이사를 오고 반 년 정도 지났을 때 유기견을 입양했어요. 서귀포의 한 포구에서 구조된 들개였는데 '라떼'라는 이름을 붙여주고 임시보호를 하다가 평생 가족이 되었답니다.

마리와의 첫만남도 기억하시나요?

2020년 12월 어느 날이었어요. 인근 동네를 걷다 어디선가 강아지 울음소리가 들려서 가보니 전봇대에 짧은 쇠줄로 묶인 친구가 있었죠. 생후 3~4개월 어린 녀석이 추운 날씨에 덜덜 떨고 있었어요. 보호자가 있는 강아지 같아서 무턱대고 데려올 순 없었고, 이튿날 다시 찾아갔습니다.

아이는 차가운 아스팔트 바닥 위에 웅크린 채 잠을 자고 있었어요. 그 뒤로도 하루에 2~3번씩 그곳을 찾아갔고 인근 식당의 주인 할아버지가 견주라는 사실을 알게 되었습니다. 그 할아버지로부터 "이미 한 번 파양이 된 강아지"며 "냄새가 나서 밖에서 키우는 중"이라는 얘기를 들었습니다. 깨끗하게 씻겨서 실내서 키워 주실 수 있으시냐고 여쭤봤으나 "개를 왜 집에서 키우냐"고 대답하는 옛날 분이셨고 다른 곳으로 입양을 보낼 생각 역시 없다고 하셨죠.

그 뒤로도 강아지를 보러 가셨나요?

그럼요. 특히 제주에 겨울비가 며칠째 이어진다는 일기예보를 듣고 강아지 생각에 잠을 설칠 정도였죠. 견주를 찾아가서 비가 그치는 날까지만이라도 강아지를 저희 집에 데려가 보살필 수 있게 해달라고 부탁을 드렸어요. 그건 괜찮다고 해서 곧바로 녀석을 품에 안고 집으로 데려왔습니다. '마이 리트리버'의 준말로 이름도 붙여주었죠.

목욕을 시키고 동물병원에서 검진을 받았습니다. 조금 말랐지만 건강에는 문제가 없다고 해서 다행이었죠. 마리는 라떼와도 잘 지냈어요. 함께 산책을 하고 같은 침대에서 잠을 자기도 했죠. 라떼의 생일파티 때도 함께 꼬깔모자를 쓰고 즐거운 시간을 보냈답니다. 마리 덕분에 라떼의 분리불안도 크게 줄었죠. 그동안 견주는 연락이 거의 없었어요. '날이 풀리면 개를 데려오라'는 둥 애매한 표현으로 일관하다 이내 마리를 찾지 않았죠.

사실상 임시보호가 되었네요.

마리는 하루가 다르게 무럭무럭 자랐어요. 함께 산 지 한 달 만에 몸무게가 16kg까지 늘었죠. 건강하게 자라는 모습이 대견스러운 한편, 걱정도 점차 커졌습니다. 당시 저희는 아파트에서 살고 있었어요. 라떼를 키울 때도 층간소음 문제로 아래층 이웃에게 폐를 끼치곤 했기 때문에, 마리가 클수록 더더욱 염려가 됐죠. 맞벌이 부부가 중대형견 둘을 반려할 수 있을까 걱정되기도 했고요.

또 한 달, 두 달, 함께한 시간이 길어질수록 마리의 세상은 온통 우리 가족으로 가득 차 버렸다는 걸 느낄 수 있었어요. 만약 마리와 헤어지게 되면, 이미 파양 경험이 있는 아이가 또 다시 버림받았다고 여기진 않을까 해서 마음이 너무 아팠습니다. 결국 저희 부부는 긴 고민 끝에 견주의 허락을 받아 마리의 입양을 결정했답니다.

널 가족으로 맞이하기로 결심한 날
그동안의 걱정 따위는 거짓말처럼 사라졌어.

우리가 너를 행복하게 해줄 수 있을까
스스로를 향해 수없이 던진 질문의 답을
그날 너의 표정에서 확인할 수 있었거든.

마리야, 고마워
우리와 함께할 때
가장 행복한 강아지가 되어줘서.

마리와 가족이 되고 달라진 점이 있나요?

라떼와 마리가 마음 편히 뛰어놀 수 있도록 이사를 했어요. 아파트에서 마당 있는 집으로 말이죠. 출퇴근 시간이 30분 이상 늘었지만 층간소음 문제로 스트레스를 받던 걸 생각하면 지금이 훨씬 행복해요.

지난해 봄, 마리의 중성화수술 상담으로 병원을 찾았다가 마리 머리에 종양이 있다는 걸 알게 됐어요. 다행히 초기에 발견해 제거 수술을 받고 완치됐죠. 그땐 슬프고 속상했지만, 지금 생각해보면 마리를 입양한 덕분에 빨리 종양을 찾아낸 것 같아요.

지난해 여름에는 마리와 수영을 자주 했어요. 바다를 정말 사랑하는 저만큼 마리도 물을 좋아한답니다. 처음 바닷가에 데려간 날, 마리는 1초의 망설임도 없이 입수를 하더라구요. 신이 나서 물장구도 치고. 평소엔 겁이 많은데 바다만 가면 또 다른 자아가 나와요. 제주에 살면서도 짧은 목줄에 묶여서, 또 좁은 창고에 갇혀 바다 한 번 가보지 못한 아이가 자유롭게 헤엄치며 뛰노는 모습에 여러가지 감정이 들었죠. 올해도 마리와 바다 수영을 하며 여름을 즐길 거예요. 인적 드문 바닷가에서 사랑하는 반려견과 물장구 치는 행복은 말로 표현할 수 없는 기쁨이랍니다.

마리와 비슷한 처지의 강아지를 또 구조하셨다고 들었어요.

지난해 2월 고물이 쌓인 공터에서 목줄에 묶인 백구를 발견했죠. 알코올중독자 견주가 학대하며 키우는 친구라는 걸 알게 되었습니다. 견주의 허락 아래 산책을 시켜준 날, 자신이 묶여서 지낸 공간을 떠나며 부들부들 떨던 강아지의 모습을 잊을 수가 없어요. 7개월 동안 견주를 설득한 끝에 구조를 할 수 있었습니다. '치유'라는 이름을 붙여주고 반 년 간 임시보호를 하다 올 2월 저희 친정집에 입양되었답니다.

사실 아버지도 아픈 추억이 있어요. 강아지를 키우고 싶다는 중학생 딸을 위해서 당신께서 지인 반려견의 새끼를 데려왔죠. 첫 반려견 '공주'였어요. 아버지께서 애지중지 보살핀 공주는 15살이 되자 이곳저곳이 아팠습니다. 그런 아이와 조금이라도 더 함께하려 회사에도 데려가신 아버지였죠. 그날도 공주와 출근한 아버지는 동료에게 잠시 개를 맡기고 거래처 미팅을 가셨습니다. 몇 시간 뒤 동료가 바깥에서 공주를 놓쳤고 결국 교통사고로 개가 죽었다는 소식이 전해졌죠. 트라우마 탓에 아버지께선 치유의 입양을 앞두고 고민을 많이 하셨어요. 그럼에도 결국 품기로 하셨습니다. 공주를 지극정성으로 보살핀 분이시기에 치유도 잘 반려해주실 거예요. 치유 역시 아버지의 마음 속 트라우마를 치유해 줄 거라 믿습니다. 저 역시 공주를 향한 죄책감에 우울증을 겪었어요. 공주를 떠올리며 반려견들에게 후회없이 모든 것을 해주려 노력해요. 더 놀아주고, 더 챙겨주고, 더 행복하게 해줘야지. 하면서요. 힘들게 살아가는 강아지들을 돕는 것도 공주의 영향이 아닐까 해요. 2월부터 임시보호 중인 '럭키' 역시 동네 방치견의 새끼로, 로드킬 위험이 높은 곳에서 구조된 친구입니다.

반려인으로서 제주는 어떤 곳일까요?

우리나라에서 유기견이 가장 많은 곳이 제주라고 해요. 제가 사는 지역은 골목을 지날 때마다 1m 목줄에 묶여 희망도, 의욕도 없는 눈빛으로 살아가는 친구들을 볼 수 있어요. 묶어둔 개를 음식물쓰레기 처리 용도로 쓰는 어르신이 많습니다. 물론 개를 묶어서 키운다는 이유만으로 잘못이라는 건 아니에요. 최소한의 사료와 물 등 기본적인 것도 안 해주는 견주가 많다는 점이 안타깝고 화가 납니다. 방치견에 무관심한 관공서에도 분노를 느껴요.

피 나도록 맞는 것만 학대가 아닙니다. 방치도 엄연한 학대라고 말하고 싶어요. 1m 목줄에 묶여 하루, 한 달, 일 년을 꾸역꾸역 살아가는 친구들이 더 넓은 세상을 보도록 도와주고 싶어요. 부디 제대로 된 인격을 갖춘 사람들만 반려동물과 살아갈 수 있는 날이 오길 바라요.

노견일기

#기록 #제주 #개 #유한함

기록하지 않은 것은 기억되지 않는다. 그러니 기억하고 싶은 순간이 있다면 어떤 형식으로든 기록해야 한다. 쏜살같이 지나가는 시간을 붙잡아 오래도록 꺼내볼 수 있도록 말이다. 개들과 맘껏 수영하기 위해 제주에 내려온 작가는, 올해로 만 열아홉 살이 된 늙은 개와의 일상을 만화로 담담히 기록하고 있다. 그에게 유한함을 기록하는 마음은 어떤 것이냐고 물었다.

글·그림 정우열 @olddog / **에디터** 박조은

#기록

"당시엔 불행이라고 생각했지만 지금 생각해 보면 좀 다행인 것 같은 일은, 그때 내가 개들과의 일상을 기록하고 있었다는 사실이에요."

일상적인 만화를 그리기 전에는 6, 7년 정도 시사만화를 그렸어요. 시사만화라는 게 주로 정치나 사회비평을 만화로 하는 것이라 독자층이 제한되어 있고 좀 고리타분하게 느껴졌어요. 시사만화라는 장르가 그렇다는 게 아니라 제가 그리고 있는 만화가 그랬다는 의미입니다. 아무래도 능력 부족 탓이었겠죠. 그런 시간이 길어지다 보니 좀 더 젊은 만화, 좋아하는 것을 그리는 만화를 하고 싶다는 생각을 계속하게 되었어요. 그런데 시사만화 일이 벌이도 괜찮고 편하기도 해서 단호하게 놓지 못하고 있다가, 어느 날 부서장과의 의견 차이를 계기로 그만두게 되었습니다. 그다음엔 한동안 막막했어요. 그때 '일단 좋아하는 것을 그려보자' 하는 마음으로 시작했던 게 '올드독'이라는 캐릭터로 일상을 그리는 만화였습니다.

살면서 어떤 경험을 하든 그걸 기억하지 못한다면 결국 그 경험은 없었던 것과 크게 다르지 않다고 생각해요. 삶이 얼마나 풍요로운지는 적극적인 태도로 새로운 경험에 자신을 맡기는 것, 그 안에서 충분히 느끼는 것, 그리고 그걸 잘 기록하는 것에 달려있지 않은가 생각합니다. 그렇게 기록을 하다 보면 그냥 지나쳤을 때는 몰랐던 것들을 발견하거나 깨닫기도 해요. 내 강아지를 포함해서 사랑하는 모든 존재들은 언젠가 내 곁을 떠날 것이고 그 다음엔 나 자신도 세상에서 사라져버리겠죠. 다 사라져버릴 것이니 기록하는 일 따위도 의미 없다고 여길 수도 있겠고, 반대로 사라져버릴 것들을 내 안에서라도 차곡차곡 쌓아서 의미 있게 만들어보겠다고 생각할 수도 있겠죠. 저는 후자를 택한 것입니다. 그렇게 하는 걸 다른 말로 '사랑'이라고 부를 수도 있을 것 같아요.

#제주

"개들과 바다에서 자유롭게 헤엄치기 위해 제주로 왔어요."

서울에 살 때 좋아하고 즐겼던 일들이 무엇이었는지 가끔 돌아봐요. 제일 좋아한 건 영화관에 가는 일이었어요. 일주일에 서너 편 이상 영화를 꼭 봤어요. 백화점에서 새롭고 반짝이는 것들을 구경하는 것도 참 좋았어요. 갖고 싶은 걸 다 사진 못하더라도 구경하는 것만으로도 막 설렜어요. 일주일에 세 번씩 수영장에 가서 수영하는 것도 좋아했고요.

바다에서 개들과 헤엄치는 게 너무 좋아서 그걸 더 많이 하려고 제주도에 내려오게 되었는데, 걱정되었던 건 역시나 영화관과 수영장이 매우 적고 백화점은 아예 없다는 점이었어요. 실제로 내려와서 한동안은 그게 불편했고요. 그런데 여기서 살아가는 시간이 길어지다 보니까 제가 즐기는 놀이가 변하더군요. 워낙 수영을 좋아하는 저였지만 처음에는 바다 수영이 풀장 수영보다 재미가 없었어요. 바다에서 어떻게 놀아야 하는지 몰랐던 거죠. 그런데 바다에서 노는 법을 알고 나니까 수영장보다 바다에서 수영하는 게 훨씬 재미있어졌어요. 돌이켜보면 서울에서 제가 좋아했던 건 그곳에서 할 수 있는 것들 중에 제가 끌리는 것들이었던 것 같아요. 제주에서는 또 나름대로 제가 끌리는 것들에 이끌려 살아가고 있는 게 아닐까 생각합니다. 그러다 보니 아름다운 자연과 그 속에서의 개들 사진과 영상도 찍게 되고, 프리다이빙도 하게 되는 등 다양한 일을 하게 된 것 같아요.

#개

"개와 함께 사는 일은 인생에 결정적 영향을 미치는데 우리가 처음 만났을 때 나는 그걸 몰랐던 것 같다. 16년이 지난 지금, 나는 전혀 다른 곳에 와 있다."

개를 입양할 때에는 신중히 생각하고 결정해야 해요. 그리고 그 사실은, 개와 함께 살기 전에도 알고있었어요. 다들 알고 있잖아요. 그런데 실제로 개와 함께 살아가다 보면 알고 있던 것보다도 훨씬 큰 영향을 받게 된다는 점을 발견하게 되는 것 같아요. 개는 그렇게 엄청 신경 쓰이는 존재예요. 일하느라 바쁠 때 뒤에서 개가 심심하다고 좀 끙끙거리거나 한숨을 푹푹 쉬면, 그냥 무시할 수도 있을 것 같잖아요. 그런데 그렇지가 않아요. 바쁜 와중에도 어떻게든 개의 마음을 달래 줘야 하고 눈치를 보게 되죠. 개와 함께 살아가는 사람은 일뿐만 아니라 주거, 대인관계 등 삶 전반의 문제를 결정하는 데 있어서 개를 굉장히 중요한 요소로 고려할 수밖에 없어요. 가끔은 그런 자신이 좀 어이없게 느껴지기도 하죠(웃음). 제 경우에 개와 함께 살아가는 것이 미친 가장 큰 영향은 아마도 채식을 하고 동물복지 문제에 큰 관심을 가지게 된 거 아닌가 싶어요. 물론 제주도에 살게 된 것도 그렇고요.

#유한함

"죽은 개도 인생의 일부인 걸요."

세상을 떠난 첫 번째 반려견 '소리'에겐 미안한 점이 참 많아요. 소리와 함께 할 때에는 제가 지금보다 개에 대해서 잘 몰랐고, 소리는 어릴 적 마음을 내주었던 전 주인이 있었거든요. 그래서 저와는 온전히 친밀해지지 못했던 거 같아요. 그래서 하고 싶은 말이 있다면 '소리야. 내가 부족해서 미안했다. 다음 생 같은 건 없다고 믿지만, 만약 있다면 내가 이번 생에 못해준 거 다 해줄게' 정도가 아닐까 싶네요.

"내 묘비엔 이렇게 새기면 좋을 것 같아. 세상을 위해 별로 한 일은 없으나 개 한 마리는 정성껏 돌본 사람."

지금 함께 살고 있는 풋코에겐 별로 미안한 게 없죠. 제가 해줄 수 있는 걸 다 해주고 있고, 풋코도 누릴 만한 걸 대부분 누린 삶을 살았다고 생각하거든요. 하나 남은 바람이 있다면 언제가 되었든 고통스럽지 않게 떠나는 거 정도일 거예요. 그러니 "어어, 풋코. 내 강아지로 살아줘서 고마웠고 덕분에 행복했다" 말하고 싶어요.

@olddog

제주의 시간은 느리고 빛나지

제주에는 푸른 하늘로 시작해서 핑크빛 하늘로 끝나는,
간혹 느리게 흘러가는 그런 날들이 있다.

글·그림 이현미 @vacaskingdom

제주에서의 삶 역시 일상이라는 이름 아래 바쁘게 흘러간다. 하지만 그 바쁜 시간 속에서도 제주는 내게 '쉼'이란 빛나는 순간을 덧붙여 준다. 이런 날에는 밖으로 나가야지. 준비물은 필요 없다. 그저 발길 닿는 데로 가면 되니까. 넓은 공원도 좋고 바람이 부는 바닷가도 좋다. 포코가 자유롭게 뛰어놀기엔 사람이 없는 한적한 곳이 좋겠지. 파도 소리가 감싸는 돌 위에 앉아 바다를 바라본다. 파도의 물결은 때마다 다르게 밀려오고 향기는 바람을 타고 온다. 옆에 앉아 코를 킁킁대는 녀석은 나보다 더 잘 알 테지.

코를 돌 사이에 넣고 무언가를 찾거나, 밀려오는 파도에 놀라 작은 웅덩이에 발이 빠지기도 하고, 기어 다니는 게가 궁금해 놀자며 따라다니는 녀석을 보고 있자면 어쩐지 한껏 졸음이 밀려온다. 가만히 앉아 졸고 있으면 어느새 다가와 엉덩이를 붙이고 눕는 포코. 작은 엉덩이에서 전해지는 따뜻한 온기. 한참을 나란히 앉아 바람을 맞는다. 하루의 구름이 흘러가고 공기의 온도가 달라질 때까지. 오늘은 느리게 흘러가는 날이니까.

Summer AM 8:30

아직 번잡함이 없는 아침 바다를 향해 걷는다.
좁은 돌담들 사이를 조심히 빠져 나가다가 커브를 돌면 바다가 한가득 우리에게 안긴다.
그래 함께 뛰자. 바다가 여기 있으니.

Summer AM 11:00

눈이 시릴 만큼 반짝이는 윤슬을 바로 쳐다볼 수 없어 눈을 가늘게 뜨고 파도 소리를 듣는다.

내 무릎 위에 앉은 포코도 가는 눈을 뜨고 바다를 바라본다. 간혹 귀를 툭 툭 움직이면서.

Summer PM 3:00

포코의 코 고는 소리를 들으며 멍하니 앉아 있는 시간이 충전이다.
하늘을 보다가 보송한 몸을 쓰다듬고 꼬리털을 손끝에 빙글빙글 감는다.
결국 몸을 숙여 발바닥 냄새를 맡고 나서야 충전은 완료된다.

Summer PM 9:00

생각이 넘쳐 잠이 오지 않는 날에도 괜찮아.

말랑거리는 너를 만지고 있으면 그것만으로 위로가 된다.

따뜻함이 손끝을 거쳐 마음속까지 닿아. 괜찮을 거야, 내일은 또 오니까.

Jeju & Atelier
indigoterie

글·사진 심응범 @indigoterie / **에디터** 김해인

화보, 뮤직비디오 등을 촬영하는 매력적인 공간을 운영하고 계세요. 이곳을 소개해주시겠어요?

<인디고트리>는 슬로 라이프 스타일을 지향하는 공간입니다. 파리와 상하이에서 13년 동안 패션디자이너로 지내며 경험한 것들을 나누고, 손님들이 제가 좋아하는 것들에 공감하기를 바라고 있죠. 'INDIGOTERIE'는 '인디고(채색과 염색 등에 쓰이는 물감) 제조소'라는 의미가 있습니다. 틈틈이 천연 인디고 염색을 하며 개인 작업을 이어가고 있어요.

회사에서 많은 경험을 할 수 있었지만 해소할 수 없는 창작 에너지가 항상 남아 있었습니다. 그래서 퇴사하기 전 아내와 함께 제주도 답사를 왔었죠. 제가 느낀 제주의 아름다움을 아내와 함께하면 더 좋을 것 같았고, 개인 작업과 사업을 시작하기에 그 어느 외국 도시보다 좋다는 결론을 내려서 이주하게 되었습니다.

'졸리'와 '트리'라는 친구도 있더라고요. 졸리와 트리는 언제부터 함께했나요?

졸리와 트리는 '유기견'에서 '우리견'이 된 아이들입니다. 인디고트리를 공사할 때부터 함께했고, 이제 네 살이 조금 넘었어요. 태어나서 3개월 즈음 동네에 유기되어 위험한 상황에 처해있는 아이들을 데려와서 같이 살게 되었죠. 주인을 찾아 여러 날을 보냈지만, 결국에는 이렇게 소중한 가족이 되었습니다. 집에 두고 출근하면 외롭고 무서워할 것 같아서 인디고트리에 항상 같이 다니고 있어요. 손님들을 반길 때도 있지만, 짖을 때도 많아서 아이들이 운영을 도와주고 있는지는 잘 모르겠네요(하하).

졸리, 트리와 인디고트리를 함께하기 위해 어떤 부분을 고민하고 있나요?

졸리와 트리가 어렸을 땐 사람들을 무작정 좋아했고, 좋을 때나 싫을 때 짖는 소리도 그다지 크지 않았어요. 그런데 지금은 목소리나 액션이 커졌습니다. 그래서 강아지를 무서워하거나 싫어하는 분들이 오시면 패닉이 될 때가 많아졌어요. 어느 순간부터 이곳을 자신들의 공간이라고 생각하게 되었는지, 다른 강아지가 들어오면 싸움이 날 듯 짖어 댑니다. 지금 인디고트리에 반려동물 출입을 금지하고 있는 이유이기도 하죠.

반려견에 대한 경험과 지식이 있는 손님들과는 잘 지내지만, 반대의 경우엔 제가 출동해서 제재하고 목줄을 하고 밖으로 나갈 때도 있어요. 이렇게 '혹시나 무슨 일이 일어나지는 않을까' 하는 불안함이 항상 있기는 합니다. 하지만 종일 붙어 있는 시간이 길어지면서 행동과 표정, 짖는 목소리로 상황을 예상할 수 있게 되기도 했죠. 최대한 위험한 상황이 생기기 전에 대처하려고 노력하고 있어요.

평소 졸리와 트리는 인디고트리에서 어떻게 지내나요?

졸리와 트리는 밖에서는 매우 활발하지만, 실내에서는 조용히 휴식하는 것을 좋아합니다. 졸리는 무덤덤한 편이고, 트리는 매우 예민하고 겁이 많은 성격이어서 손님들이 오셨을 때도 둘의 반응 행동이 달라요. 졸리는 자기가 하고 싶은 대로 왔다 갔다 하는 반면, 트리는 제 뒤만 졸졸 따라다니고 옆에 앉아 있기를 좋아하죠. 졸리와 트리는 서로의 상태를 항상 살피고 있는 것처럼 보여요. 기분이 좋을 때는 서로에게 놀고 싶다는 신호를 보내고, 서로 '으르렁' 하면서 장난을 칩니다. 진짜로 물지는 않고 엎치락뒤치락하는 장난인데 공격적이지 않은 '으르렁으르렁'을 하며 놀아요.

햇빛이 창문을 통해 인디고트리의 바닥 어딘가에 떨어져 있으면, 졸리는 그곳으로 가서 햇볕을 쬐다가 잠이 듭니다. 트리도 졸리의 곁에 있다가 같이 잠이 들어요. 인디고트리에서 가장 평화로운 순간이죠. 트리는 종종 졸리가 하는 행동을 따라 하는데, 햇빛에 누워 있는 모습을 따라 하다가 같이 잠드는 모습이 너무 예뻐요.

인디고트리는 졸리와 트리 중심으로 운영되고 있는 것 같아요. 졸리와 트리는 평소 인디고트리에서 어떤 역할을 맡고 있나요?

인디고트리가 졸리와 트리를 중심으로 운영된다는 말이 맞는 것 같습니다. 방문 규정도 졸리와 트리에 맞춰진 것들이 많아요. 강아지를 좋아하는 분들은 저 대신 아이들과 놀아주거나, 다른 손님에게 짖는 순간 방어를 해주실 때도 있어서 항상 감사한 마음을 갖고 있습니다. 지금은 졸리와 트리가 보고 싶어서 방문하시는 분도 많죠. 처음 오셨는데도 졸리와 트리의 이름을 알고 계신 분들을 보면 감동을 받아요. 이 이름과 관련된 재미있는 에피소드가 있습니다. 예전엔 아이들 이름을 묻는 분들이 많았어요. 그런데 코로나 시대라 마스크를 쓰고 이름을 말해서 그런지, 제대로 전달되지 않는 경우가 있었죠. 이름을 듣고는 손님들이 "얘네들 이름이 둘리랑 틀니래~" 까르르 웃으실 때가 있어서 저도 웃곤 했답니다. 최근 친구가 졸리와 트리의 이름표를 만들어 준 이후에는 이름을 물어보는 분들이 줄었어요.

전국에서 수많은 관광객이 방문할 것 같아요. 졸리와 트리가 낯선 방문객들을 어려워하지는 않나요?

졸리와 트리는 낯선 모든 것을 경계하는 편입니다. 다행히 졸리는 금방 무심해지지만, 트리는 덜덜 떨며 제 옆에만 있을 때가 많아요. 아이들이 손님들께 짖는 것을 제가 걱정하고 예민해하는 만큼, 아이들도 스트레스를 많이 받고 있는 게 보입니다. 집에 가면 졸리는 곧바로 침대로 쏙 들어가고, 트리는 기분이 좋아져서 인디고트리에서는 잘 먹지도 않는 밥을 달라고 신호를 보내죠.

지난가을엔 졸리와 트리가 좋지 않은 일을 겪었더라고요.

인디고트리 마당에서 산책을 할 때 몇 번 마주쳤던 사람이 있어요. 지나갈 때마다 아이들을 자극하는 말과 행동을 했었죠. 당연히 졸리와 트리는 그때마다 짖었고, 저는 그 사람을 피해 실내로 대피를 하곤 했습니다. 문제의 그날은 제가 오픈 준비를 하려고 잠시 아이들을 마당에 묶어두었어요. 하필 그때 그 사람이 지나갔고, 졸리와 트리가 짖기 시작했죠.

indigoterie

그런데 그 사람이 아이들을 더 자극하는 소리가 들리더니 갑자기 아이들을 향해 주먹만한 돌을 던지는 거예요. 너무 놀라고 화가 나서 "왜 돌을 던지시냐 그냥 가시던 길 가라"고 했고, 그 사람은 심한 말을 쏟아부었습니다. 다시 따지고 들자 돌담을 뛰어넘어와서 저를 위협했고, 결국 경찰에 신고하고서야 끝이 났죠. 나중에 사과를 받아내기는 했지만 찜찜한 기분이었습니다. 처음으로 제주살이에 회의가 들었던 날이었어요.

동물을 학대하는 사람은 사람에게도 해를 가할 수 있다고 생각하며 살았는데, 실제로 이런 일을 겪으니 큰 충격을 받았어요. 졸리와 트리도 그때 이후로 박수, 휘파람 같은 소리로 부르는 손님들에게 엄청나게 짖는 행동이 생겼죠.

물론 이렇게 나쁜 순간만 있는 건 아닙니다. 강아지에 트라우마가 있으셨던 분들이 얌전하게 있는 졸리와 트리를 만나서 "너희들은 무섭지 않고 예쁘고 귀엽네?!"라고 하실 때가 종종 있어요. 그렇게 사람과 강아지가 한 발짝 가까워지는 순간 속에서 작은 행복을 만나고는 하죠.

앞으로 인디고트리를 어떤 공간으로 만들고 싶나요?

졸리와 트리가 모두를 반기며 서로가 행복한 공간이 가장 이상적이겠죠? 방문하는 분들이 아이들을 위해서 모든 것을 지켜 주시는 건 현실적으로 어렵겠지만, 도와 주신다면 친절한 졸리와 트리를 만나실 수 있을 거예요. 인디고트리는 졸리와 트리가 늘 함께하는 공간이란 걸 생각해 주시고, 아이들이 놀라지 않게 조금만 배려해 주세요. 억지로 부르면 좋아하지 않을 수도 있으니 주의해 주시고요. 앞에서 말씀드렸듯 반려동물은 입장할 수가 없습니다. 큰 싸움이 날 수 있거든요. 졸리와 트리는 저희 부부와 함께 살고 있는 소중한 가족입니다. 내 아이가 소중하듯 남의 아이 도 소중하다고 생각해 주세요. 그만큼 아끼고 사랑하는 존재예요. 졸리와 트리를 내세워서 가게를 홍보하고 싶지는 않습니다. 다만 아이들이 인디고트리라는 삶의 한 부분이 된 건 분명해요. 졸리와 트리가 오랫동안 함께하며 방문객들에게도 좋은 에너지가 될 수 있는 인디고트리가 되면 좋겠습니다.

Book Store
Jeju Pulmujil

글·사진 은종복, 고희라 @jejupulmujil / **에디터** 박재림

김윤호 @youno_pic

안녕하세요. 세화리 마을 지도를 보고 쉽게 찾아왔어요.

은종복(이하 풀벌레) 반갑습니다. <제주풀무질> 서점은 구좌읍 세화리의 인문사회과학 책방이에요. 독서모임을 진행하고 '북스테이'도 해요. 2019년 7월 문을 열었으니 이제 곧 3주년이지요. 현재 위치로 이사를 한 지는 1년 정도 되었어요. 감사하게도 마을 지도에 책방을 넣어 주셨어요.

1993년 4월부터 2019년 6월까지 서울 성균관대학교 앞 풀무질 서점에서 26년 넘게 일했어요. 28살 청년이 54살 아저씨가 되었지요. 서울 풀무질 서점을 젊은 대표들에게 물려준 뒤 아내, 아들과 함께 제주로 내려왔어요. 제주시, 서귀포시 대신 책방이 없는 세화리에 서점을 열었어요. 제주 풀무질과 서울 풀무질은 '동무' 사이지요.

풀무질이라… 귓가에 오래 맴도는 단어입니다.

고희라(이하 풀피리) 안녕하세요, 은종복 대표의 반려자입니다. '풀무'는 대장간에서 불을 피울 때 바람을 일으키는 기구를 뜻하는 순우리말이고, 그 풀무를 써서 바람을 일으키는 행위가 바로 풀무질입니다. 책 바람을 일으킨다는 뜻, 그리고 1970~1980년대 군사정권에 맞서 바람을 일으켜 저항한다는 의미가 있죠. 풀무질에서 일하는 부부라서 남편은 '풀벌레', 저는 '풀피리'랍니다.

제주에 정착한 특별한 이유가 있으신가요?

풀벌레 제주는 26년 전 아내와 온 신혼여행지예요. 아내와 아들이 해마다 한 번씩 여행을 다녀오는 곳이기도 했지요. 그 밖의 인연은 없었지만, 이곳에 살면서 특별한 장소가 되었어요. 집이 스무 채가 안 되는 조용한 마을에 새로이 터전을 마련하고 얼마 지나지 않은 날이었어요. 일찍 일어나서 하늘을 보는데 행복했어요. 눈시울이 뜨거울 정도로 하늘이 아주 맑았거든요. 밤에는 별들이 쏟아질 것처럼 많았고요.

이토록 아름다운 제주인데, 개발을 한다며 자연을 더럽히는 꼴을 자주 보게 되어요. 동물원을 만든다는 둥, 비자림의 오래된 삼나무 수천 그루를 벤다는 둥, 성산에 제2공항을 만들다는 둥. 동물과 식물과 땅과 하늘과 바다를 더럽히는 일을 서슴없이 하려는 사람들을 보고 있으면 마음이 아파요.

얌전하게 책방을 지키는 강아지 친구가 있네요.

풀피리 제주풀무질 '영업부장' 광복이랍니다. 나이는 다섯 살쯤 되어요. 두 살 무렵 우리 집에 왔죠. 산책을 하면 이리저리 뛰어다니는 광복이지만 책방에선 얌전히 있어요. 어떤 손님은 강아지가 있는 줄도 몰라요. 광복이는 손님이 사진을 찍고 싶어하면 좀 내키지 않아 하면서도 손님 곁으로 가요. 광복이를 예뻐하는 손님은 책을 꼭 사가세요.

풀벌레 광복이는 앞모습은 여우를 닮았고요, 뒷모습은 양이에요. 옆모습은 다리 짧은 말이고, 누워있으면 너구리 같아요. 광복이는 강아지 밥보다는 빵을 좋아해요. 몸에 안 좋은 걸 알면서도 광복이가 무척 좋아하니 어쩔 수 없네요. 전생에 프랑스나 스페인에서 살았는지도 몰라요.

광복이를 무척 아끼는 아내가 남긴 명언이 있어요. 종복이는 버려도 광복이는 절대 안 버린다. 내가 안 쫓겨나고 사는 길은 광복이를 졸졸 따라다니는 거예요. 종복 더하기 광복은 행복이에요.

광복이와 첫만남은 어땠나요?

풀벌레 나는 매일 아침 자전거를 타고 마을을 돌아다녀요. 2019년 8월 13일도 평소처럼 집을 나섰다가, 마을을 어슬렁거리는 흰색 강아지를 만났어요. 처음보는 녀석이었지요. 목에 굵은 철사줄이 두 겹으로 감겨 있었어요. 다음날 저녁 그 강아지가 이웃집 강아지의 텅 빈 밥그릇을 쳐다보고 있길래, 먹다 남은 탕수육 몇 점을 주었어요. 처음에는 경계를 하다가 나와 아내가 자리를 피하자 허겁지겁 먹었어요.

풀피리 다음날 8월 15일 아침, 강아지가 우리 집 마당에 들어와 있었어요. 자리를 잡고 꿈쩍 하지 않았죠. 우리 가족은 강아지를 키워본 적이 없었어요. 서툴게나마 돌보면서 강아지를 잃은 이웃이 없는지 알아봤어요. 병원에 데려갔는데 온 몸이 진드기투성이에다 심장사상충도 걸렸다고 했어요. 출산 경험도 있고요. 정상 체중이 12kg이라는데 9kg 밖에 되지 않았죠.

입양을 결정한 뒤 사연을 들은 많은 분이 책방에 일부러 찾아왔어요. 책을 구입해 주시고 간식도 선물해 주셨어요. 병원에서도 많은 도움을 주셨고요. 광복절에 만났으니 광복이라고 부르게 되었답니다.

제주풀무질
064-782-6917

강혜영 @lady1226h_young

'첫 반려동물' 광복이는 어떤 의미인가요?

풀벌레 광복이가 처음엔 짖질 않았어요. 그런 강아지가 있는지 검색도 해봤어요. 두 달 정도 흐른 어느 날 새벽 광복이가 짖는 소리를 들었어요. 마치 내 아기가 태어나서 첫 울음을 터트린 느낌이었어요. 그동안은 광복이가 겪은 아픔이 커서 안 짖었다고 생각해요. 제대로 눈도 못 맞췄는데 이제는 빤히 내 눈을 보면서 말을 하지요. 아내의 사주팔자에 자식으로 아들 하나 딸 하나가 있대요. 광복이는 우리 집 딸이에요.

풀피리 남편과 매일 광복이를 데리고 산책을 해요. 26살 아들도 가끔씩 함께하고요. 우리만의 '비밀의 숲'도 찾았어요. 같이 걸으며 이런저런 이야기를 해요. 서로 마음을 새롭게 알면서 정이 돋아나죠. 광복이와 지낸 후로 하루 종일 묶여서 지내는 개들이 참 많다는 걸 실감해요. 광복이와 즐겁게 산책하는 게 괜히 미안해지죠. 떠돌이 개도 많아요. 깡마른 강아지를 보면 마음이 아파요.

풀벌레 서울서 살 때 술을 많이 마시고 담배도 피웠어요. 왼쪽 심장 근처가 따끔거리며 아플 때가 많았어요. 광복이를 만나고 아침 저녁으로 한 시간씩 산책을 해요. 책방이 쉬는 수요일엔 더 멀리 나들이길을 떠나요. 그러면서 6개월 만에 통증이 사라졌어요. 광복이 덕에 몸도 마음도 튼튼해졌어요. 아내가 말해요. 광복이가 10년은 더 살 거니까 우리도 그때까지는 살아야 한다고. 같은 생각이에요.

반려인이 읽으면 좋을 책이 있을까요?

풀벌레 피터 싱어의 <동물해방>을 추천해요. 동물이 행복한 세상에서 사람도 행복해요. 내겐 책보다 나은 선생이 있어요. 첫째는 아들이에요. 내가 올곧게 살도록 많은 이야길 해주죠. 둘째는 광복이예요. 광복이는 말없이도 내 삶을 되돌아보게 만들어요. 눈빛과 몸짓만으로 자기 뜻을 펼치는 광복이는 참스승이에요.

정미숙 @baramseusgin

Keep Nature

Jeju Alley
Cafe Oksu

글·사진 신현준 @alley_cafe_oksu / 에디터 박조은

사진 출처 @kinssoo_z

조용한 소길리 골목
돌담 사이 자라난 아름다운 나무

모모와 함께하는 골목카페 옥수 반갑습니다.

안녕하세요. 제주 소길리라는 동네에 위치한 카페 <옥수>입니다. 할머니 집에 온 듯 편안한 느낌을 주기 위해 오래된 농가 주택을 개조했어요. 5살인 스코티시테리어 모모는 저희 카페에 마스코트입니다. 활발한 성격으로 사람을 무척 좋아하는 녀석입니다.

소길리를 선택하신 이유가 궁금해요. 정말 조용한 마을이잖아요.

육지에서 생활하는 직장인들에게 제주살이는 로망이라고 해요. 저 역시 제주도에서 한 번 살아보는 게 로망이었던 사람 중 한 명입니다. 제주도로 여행을 자주 오다가, 더 나이 먹기 전에 제주살이에 도전해 보고 싶어서 집을 알아보게 되었습니다. 그러던 중 지금 소길리 골목 안의 카페 자리를 보고 결심했습니다. 조용한 동네라서 좋았고 무엇보다 주변 이웃들이 참 좋았어요.

제주도 전통가옥을 리모델링하셨어요.

이 집을 보는 순간 영화 <리틀 포레스트>가 생각났어요. 한눈에 반해서 계약하게 되었죠. 맨 처음 이사 왔을 때 집이 워낙 오래된 구옥인지라 '밖거리'를 손봐야 하는 상황이었습니다. 제주 전통 가옥은 안채와 바깥채로 집이 나눠져 있는데 제주말로 안거리, 밖거리라고 부릅니다. 저희는 있는 그대로의 모습을 살리고 싶어 최소한으로 공사를 진행했어요. 저희 부부 둘 다 셀프 공사를 하는 건 처음이라 어디를 먼저 손을 봐야 할지 난감하고 힘들었던 기억이 납니다. 공사가 끝난 뒤 집이 완성되었을 때의 모습을 상상하며 열심히 했어요.

옥수에는 돌담도 있고, 소담한 마당도 있고, 신발을 벗고 올라가는 포근한 방도 있네요.
맞아요. 그중에서 모모가 제일 좋아하는 공간은 따뜻한 난로 옆의 코타츠예요. 그 안에 자주 들어가 있어요. 따뜻한 걸 좋아하거든요. 그래서 햇볕이 좋은 날에는 마당 잔디밭에 벌러덩 누워서 일광욕을 즐기기도 합니다. 아침엔 주로 모모의 털을 빗질해주면서 하루를 시작합니다. 빗질을 해야 할 시간이 다가오면 모모가 코타츠 안에 숨어서, 아침마다 숨바꼭질을 해요.

모모는 언제부터 출근하게 되었나요? 모모를 보러 카페를 찾으시는 분들도 많다고 들었어요.
제주에 내려왔을 때 모모가 생후 6개월이었어요. 공사가 한창 진행되고 있던 때라서 강아지와 같이 지낼 수 있는 공간 자체가 아예 없었답니다. 그래서 어쩔 수 없이 서귀포에 있는 애견훈련센터에 맡기고 일주일에 한 번씩 면회를 갔었죠. 카페를 오픈하자마자 모모를 데려왔어요. 카페를 운영하게 된 계기도 모모와 늘 함께 하고 싶어서였죠. 지금은 출근부터 퇴근까지 항상 같이합니다. 손님들 중에 스코티시테리어를 잘 모르시는 분들이 많아요. 도시에서도 보기 힘들거든요. 그래서인지 모모를 보면 슈나우저라고 많이들 착각하시더라고요. 많은 분이 모모가 있는 카페 옥수를 좋아해 주시는 것 같아요. 모모를 만난 건 저희 부부에게 큰 행운입니다.

모모는 옥수에서 어떤 시간을 보내고 있나요?
매일 아침, 카페를 오픈할 때 모모와 같이 출근해요. 마을에 고양이들이 많다 보니 출근길에 고양이를 마주치면 으르렁거리며 대치하는 상황도 종종 발생하곤 해요. 그렇게 카페에 도착하면 모모는 앞장서서 짖으며 카페에 입성합니다. '내가 왔다!' 뭐 이런 뜻인 거 같네요(웃음). 모모는 출근 후 카페를

한 바퀴 순찰한 뒤에 카페에 들어와서 쉬는 시간을 가져요. 오픈 시간이 되면 그때부터 본격적인 마스코트로서의 역할이 시작됩니다. 손님이 오면 문 앞까지 마중 나가기도 하고요. 손님을 카운터까지 안내하기도 합니다. 좋아하는 손님한테 장난감을 물고 가서 놀아 달라고도 하고, 손님 무릎 위에서 잠시 쉬기도 해요.

간식을 주면 재롱을 부려준다고 들었어요. 그리고 잘 때 건드리는 걸 싫어한다고도요.

맞아요. 재롱을 따로 가르쳐 준 적은 없는데 신기한 일이죠. 저는 기초적인 '앉아' '기다려' 정도의 개인기만 가르쳤어요. 손님들과 간식을 가지고 놀이를 하면서 재롱이 많이 늘었답니다. 모모는 상대가 자기를 좋아하다고 느끼면 뽀뽀를 아주 격하게 하는 경향이 있어서 손님들이 가끔 당황할 때가 있어요. 당황하는 손님을 보고 모모도 놀라고요(웃음). 카페 손님으로 오는 손님들 중에 강아지에 대해 잘 모르시는 분들도 더러 있어서 모모가 자고 있을 때 사진을 찍거나 무턱대고 만지는 분들이 있어요. 그럴 때 모모가 스트레스를 받는 것 같아서 편히 쉴 수 있는 공간을 따로 만들어 주었어요. 이제는 쉬고 싶을 때 자기만에 공간에서 쉬고 있습니다.

제주도에서 반려견과 카페를 운영하는 삶에 대한 생각이 궁금해요.

많은 분들이 "모모는 좋겠네. 마당 있는 집에서 살고 자유롭게 돌아다녀서"라고 말씀하세요. 하지만 제주에서 반려견과 생활하는 것은 생각보다 녹록지 않아요. 반려견을 키우는 분들이 많이 없을 뿐더러, 강아지를 키우는 집도 대부분 마당에서 집 지키는 강아지로 키우죠. 집에서 같이 생활하는 것 자체를 이해 못 하는 분들도 많으시고요. 그러다 보니 함께 살 집을 구하는 것조차 쉽지 않습니다. 다행히 지금은 많은 이웃들이 모모를 좋아해 주셔서 반려견에 대한 인식이 조금씩 변해 가고 있어요. 그리고 푸르른 자연, 새들과 뛰어노는 모모를 보면 제주에 내려오길 잘했다는 생각이 듭니다. 앞으로도 모모와 행복한 제주 생활하겠습니다.

Bed & Breakfast
수네민박

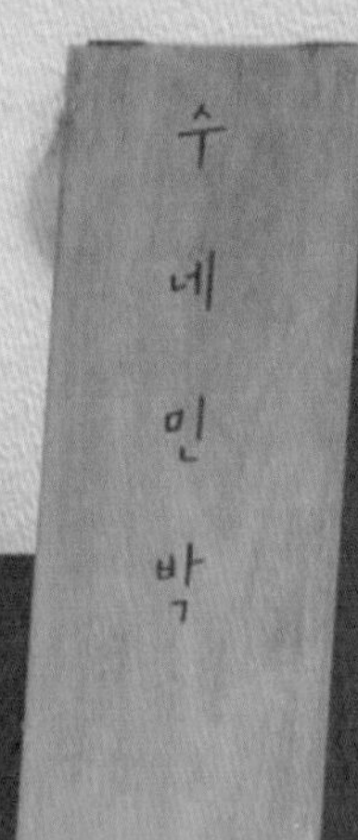

글·사진 김범수 @homeofsoo / **에디터** 조문주

좋아하는 것들로 가득 채운
위미리의 오래된 옛집

똑똑똑. 수와 순애의 집 맞나요?

안녕하세요. 수와 순애의 집 맞습니다. 저는 제주 서귀포시 위미리에서 <수네민박>을 운영하고 있는 '수'입니다. 수네민박은 작은 옛집에 직접 제작한 가구들과 좋아하는 물건들로 채운 소규모 민박이에요. '수와 순애의 집'이라는 타이틀을 보시고 종종 "강아지 '수'는 어디 있나요?"라고 묻는 분들이 계세요. 수는 바로 저입니다. 저와 함께 민박을 운영하는 순애는 올해로 2살이 된 강아지입니다. 웃는 얼굴이 너무나도 사랑스럽고, 흩날리는 털마저 미워할 수가 없는 아이예요. 강아지 친구, 처음 보는 사람, 흙 냄새, 나무 냄새, 꽃 냄새, 동물 친구들 등등 세상의 모든 것들을 사랑하는 친구예요. '순애'라는 이름은 순수하고 깨끗한 사랑만 받으며 자라기를 바라며 순애 엄마가 지어준 이름이에요. 이름 뜻대로 사랑을 많이 받으며 자라고 있는 것 같습니다. 순애와 함께 제주에서 많은 것을 경험하고, 같이 성장하며 지내고 있어요.

이 집과는 어떤 인연이 있는지 궁금해요.

사실 처음부터 시골 마을에 민박을 운영할 계획은 없었습니다. 좋아하는 것을 찾고 쫓다보니 민박을 운영하게 되었어요. 원래는 전혀 관련 없는 분야를 전공했는데, 시간이 지날수록 나와 도저히 맞지 않는다는 것만 깨닫는 순간들만 늘어났던 것 같아요. '어떤 일을 할 것인가'의 문제가 중요하다고 생각했어요. 아무래도 일이라는 것이 일상의 대부분 시간을 차지할 수밖에 없는데, 그 시간이 나와 맞지 않는 것들로 채워졌을 때 불행할 거 같더라고요. 그렇게 되면 주위 사람들에게도 자연스레 부정적인 영향이 갈 것이라고 생각했고요. 저는 오래된 것들을 좋아해요. 집도 마찬가지고요. 시간이 지나며 짙어지는 것들과 시간이 깃든 흔적을 좋아해요. 그래서 제주에 내려와 살아야겠다고 마음먹고 집을 알아볼 때도, 오래된 집들만 찾아다녔습니다. 지금의 수네민박은 운명처럼 만난 집이에요. 당시 보러 다녔던 집들이 마음에 들지 않아 반 포기 상태로 생각지도 않던 동네의 집을 보게 되었는

데, '아, 여기다'라는 느낌이 왔어요. 동네 들어오는 길부터 마을 자체가 너무 아름다웠어요. 위미리라는 마을에 한눈에 반해 바로 계약하게 되었죠. 수네민박은 제가 좋아하는 것들로만 가득 채운 결정체라고 말할 수 있어요. 이곳에서 순애와 함께하는 일상이 소중하고 행복합니다.

순애와는 어떻게 만나게 되신 거예요?

아주 오래전부터 반려견과 함께하는 일상을 꿈꿔왔어요. 육지에서 생활할 때는 자취방에서 출퇴근하며 일을 하다 보니 반려견을 키울 여건이 되지 않았는데, 제주에 내려와 보니 반려할 수 있는 여건이 충분하다고 생각했어요. 모든 반려인이 꿈꾸는 마당 있는 집과, 언제든 함께할 수 있는 충분한 시간, 사람과 차가 많이 다니지 않는 훌륭한 산책길 등이 그랬죠. 그렇게 강아지 입양을 알아보는 도중, 육지에 있는 한 가정에서 사모예드 7남매가 태어났는데 여건상 다 키우기는 어렵다고 하여 한 마리를 데려오게 되었습니다. 형제들 중 가장 저에게 관심을 주었던 아이가 지금의 순애예요. 순애가 저를 선택해 준 것 같아요.

순애의 존재가 민박을 가득 채우는 거 같아요.

맞아요. 순애가 민박을 가득 채우고 있어요. 순애는 새로운 냄새를 좋아해서 처음 만나는 사람을 가장 좋아해요. 아무래도 낯선 공간에 손님이 처음 오시면 어색할 수밖에 없는데, 순애는 그 공기를 느슨하게 풀어주는 역할을 하는 것 같아요.

평소 산책을 많이 하는 편이어서 그런지 순애는 집을 온전히 쉬는 공간으로 생각하고 있는 것 같아요. 손님 냄새를 충분히 다 맡으면, 주로 좋아하는 장소에서 느긋하게 잠을 자요. 그래서 가끔 서운해하는 분도 계세요. 그렇지만 순애의 그대로를 아껴 주셨으면 합니다. 수네민박은 저와 순애가 사는 공간을 공유하는 곳이에요. 아주 간혹 순애를 공유하는 곳으로 생각하시고 방문해 주시는 분들이 계신 것 같아 당혹스러울 때도 있어요. 배려는 사람과 강아지 모두에게 필요한 것이라고 생각해요. 이 자리를 빌려서 한 번 더 당부드리고 싶습니다. 서로의 배려 안에서 행복한 추억을 담아 가셨으면 하는 바람입니다.

순애와 민박집에 거주하면서 손님들과 공간을 공유하고 계시는 거죠?

수네민박에는 방이 총 세 개 있어요. 하나는 저와 순애의 방. 나머지 두 방은 게스트가 사용하는 방입니다. 방을 제외한 공간(거실, 주방, 화장실)은 모두 공용으로 사용하고 있습니다. 옛집을 공유하다 보니 불편한 부분이 많을 수 있는데, 오시는 분들이 공간을 이해해 주시고 배려해 주시는 덕분에 수네민박에서의 기억들을 좋게 남겨 주시는 것 같아요. 저 또한 마찬가지고요. 그리고 저와 결이 비슷한 분들이 많이 찾으시는 것 같아요. 좋아하는 것이 비슷한 사람들이 모이는 곳인가 싶기도 해요. 손님 덕분에 지치지 않고 즐겁게 운영하고 있어요. 늘 감사합니다.

쉬는 날에는 순애와 어떤 하루를 보내세요?

소규모 민박 특성상 쉬는 날은 거의 없어요. 대신 중간 중간 쉬는 시간은 많은 편이에요. 집을 정비하거나 청소를 한 후에는 순애와 산책을 정말 많이 다녀요. 가벼운 동네 산책부터 이름 모를 오름과 숲길 그리고 사람 없는 바다에서 마음껏 뛰노는 것까지 모두 좋아해요. 산책하다가 그냥 눕고 싶은 곳이 있어요. 그럴 때 누워서 파란 하늘과 구름을 보고 있으면 정말 행복해요. 하늘을 보고 있는 와중에 순애가 쓱 다가와 얼굴을 보이는 순간이 행복의 정점을 찍는 순간이에요. 이런 작은 행복들은 누구나 가질 수 있지만, 누구나 누리고 살지는 못하더라고요. 앞으로도 순애와 함께 이 행복들을 놓치지 않으며 살고 싶어요.

다가오는 6월, 따사로운 햇살과 함께 수네민박을 찾는 분들이 많겠네요.

민박을 운영하면서, 이전의 저였다면 결코 만날 수 없던 인연들을 만나게 되었어요. 여러 손님의 경험을 듣다 보면, 간접 경험하며 배우는 것들이 많아요. 이런 경험들과 소중한 인연들이 하나둘 늘어갈 때마다 이 일을 하기를 잘했다는 생각이 들어요. 앞으로도 좋아하는 것들을 좇으며, 순애와 소중한 사람들과 행복하게 사는 것이 꿈입니다. 요즘은 또 다른 도전을 하고 싶어서 수네민박 운영 방식에 관한 고민이 많아요. 아직은 정해지지 않았지만, 운영 형태가 바뀔 수도 있을 것 같습니다. 앞으로의 수네민박도 응원해 주시기를 부탁 드립니다.

Jeju With You

NOODLE AND POODLE

Photo By byeonnoodle

I'll record every trip with you
Our Footsteps That We Walked Together In Jeju

반려견과 떠나는 여행을 꿈꿔본 적 있나요? 멋지고 아름다운 곳에서 하루를 공유하고, 그 순간을 사진으로 기억하는 그런 시간 말이죠. 반려견과 함께할 수 있다면 어디든 행복하겠지만 유독 제주는 더 특별하게 다가오는 것 같습니다. 이국적인 풍경 속에 다양한 감성을 품은 곳이 정말 많잖아요. 제주는 많은 반려인에게 손꼽히는 여행지입니다. 동시에 쉽게 갈 수 없을 것만 같은 막연한 거리감이 있는 곳이기도 하죠. 막상 여행을 갈 기회가 있어도 어디를 가야 할지 몰라 걱정하는 분도 많을 거예요. 그래서 이런 고민을 덜어드리고 '반려견과 제주도 동반 여행'이란 로망을 이루는 데 유용한 정보를 준비해봤어요. 제주 여행을 꿈꾸거나 계획 중인 반려인 분들에게 조금이라도 도움이 될 수 있으면 좋겠습니다.

언제부터 반려견과 함께하는 여행에 관심을 가지게 되었냐고요? 반려견과 여행하고, 사진을 찍게 된 데 특별한 계기가 있었던 건 아니에요. 사실 저는 스무 살 때까지 개를 무서워했어요. 하지만 첫째 '깝쭈기'와 둘째 '순심이'를 입양한 후부터 반려견은 삶에 가장 큰 부분을 차지하게 되었죠. 생활 패턴부터 가치관까지 큰 영향을 준 존재들이에요. 특히 아이들과 여행을 시작하면서 삶에 큰 전환점을 맞이하게 되었습니다. 여행 작가 '변면(byeonnoodle)'으로 활동하며 여행 콘텐츠를 제작하게 되었죠. 순심이와 여행을 다니며 찍은 사진을 통해 반려견 동반 여행에 관심 있는 분들께 정보를 공유하고 있어요. 이 여행 기록은 <강아지와 둘이서 주말여행>이라는 책으로 나오기도 했답니다.

깝쭈기와 순심이와의 하루가 너무 행복해서일까요. '이 친구들이 없으면 어떨까'라는 생각을 하고는 합니다. 언젠가부터 하루에 한 번씩 반려견의 죽음에 관해 생각하게 되었죠. 슬프고 무서운 상상이에요. 하지만 이런 극단적인 생각이 오히려 사소한 일에도 큰 행복을 느끼게 해주는 것 같아요. 반려견이 밥을 먹는 평범한 소리마저 귀 기울이게 되었고, 사진이나 영상을 찍어 이 친구들과의 일상을 매일 기록하게 되었어요. 매 순간을 소중히 여기게 된 거죠.

이런 마음을 가진 뒤, 아이들과 늘 붙어있고 싶은 마음에 종종 가까운 곳에 데리고 다녔어요. 그러다 따뜻한 봄 날씨를 맞아 무작정 제주여행을 하게 되었죠. 그때부터 자연스럽게 같이 여행하게 되었답니다. 깝쭈기는 차에 타는 걸 싫어해서 집에서 멀지 않은 곳에서만 함께하고 있어요. 주로 순심이와 저의 여행 메이트인 서연 언니, 이렇게 여자 셋이서 여행을 다니는 중이죠. <mellow>와 함께한 이번 작업은 저희에게 소중한 기억이 많이 담긴 공간을 되돌아 볼 수 있는 시간이었어요.

글·사진 변미연 @byeonnoodle / **에디터** 강해인

JEJU WEST

NOODLE AND POODLE

Photo By byeonnoodle

I'll record every trip with you
Our Footsteps That We Walked Together In Jeju

Restaurant

DUENDE

제주 서귀포시 안덕면 덕수동로 27, 1층

<두엔데>는 하루에 열 팀만 예약 받는 음식점입니다. 3개의 독채로 이루어져 있고, 한 팀당 하나의 독채를 사용하는 프라이비트한 음식점이에요. 편안한 분위기에서 와인과 함께 양식 요리를 즐길 수 있습니다.

@jeju_duende

Cafe

LITTLE FOREST

제주 서귀포시 월평로 15

한적한 마을에 자리잡은 이곳엔 아늑한 공간이 숨겨져 있습니다. 동화 같은 건물 안으로 들어가면 아기자기한 소품들과 따뜻한 카페를 만날 수 있죠. 빈티지 소품점 겸 카페 <리틀 포레스트>입니다. 반려견 친화적인 공간이라 마음 편히 쉬다가 갈 수 있어요. 이곳엔 마스코트 '방울이'도 상주하고 있답니다. @littleforest_jeju

Spot

YONGMA VILLAGE

제주시 용담3동

제주 바다가 보이는 버스정류장으로 유명한 포토존이에요. 용마 마을은 공항이 가까이에 있어 비행기를 배경으로 사진을 찍기도 합니다. 하지만 비행기 지나가는 소리가 큰 편이에요. 반려견이 있을 땐, 비행기 없이 예쁜 추억을 남기는 걸 추천 드려요. 버스정류장을 기점으로 바다 산책로가 조성되어 있고, 길을 따라 걸으면 잔디길도 있어서 가볍게 산책하기에도 좋습니다.

Guest House

AEDANVI

제주시 한경면 산양4길 27-2

숙소 안에서 바로 마당이 보이는, 어디에서도 눈이 즐거운 숙소입니다. 낮은 창문을 통해 반려견이 바깥 구경을 하기 좋은 곳이에요. 마당을 쉽게 드나들며 제주살이 로망을 이루고 싶다면 <애단비>를 추천드려요.

@jejuluvdanvi

Cafe

MYEONGWOL EL SCHOOL

제주시 한림읍 명월로 48

<명월 국민학교>는 사진 찍기 좋은 곳이에요. 앞쪽엔 잔디가 깔린 야외 공간이 있고, 실내에는 카페와 갤러리가 있습니다. 학교 뒤편엔 테이블이 있어 쉬었다 갈 수도 있죠. 수국이 피는 6월이면 더 많은 사랑을 받는 명소입니다. 꽃구경 겸 나들이하기에 이보다 좋은 곳이 없어요. @__lightmoon

Pension

JEZOO N

서귀포시 안덕면 소기왓로 41-14

넓은 마당이 있고, 숙소 내부엔 다양한 시설이 잘 갖춰져 있어 가족 단위의 여행자들이 방문하기 좋은 독채 숙소입니다. 넉넉한 공간에서 여유로운 시간을 계획하고 있다면, <제쥬엔>은 만족스러운 답이 되어줄 거예요. @jezoo__n

JEJU EAST

NOODLE AND POODLE

Photo By byeonnoodle

I'll record every trip with you
Our Footsteps That We Walked Together In Jeju

Variety Store

MY PIGGY PANTRY

제주시 구좌읍 하도13길 6

해외 식품, 파스타 재료, 와인, 그릇 등을 판매하는 식료품점입니다. <마이 피기 팬트리>에서는 제주스러우면서도 이국적인 분위기 안에서 쇼핑을 즐길 수 있어요. 넓은 마당엔 테이블이 놓여있어서 휴식을 가지기에도 좋습니다. @my_ piggy_pantry

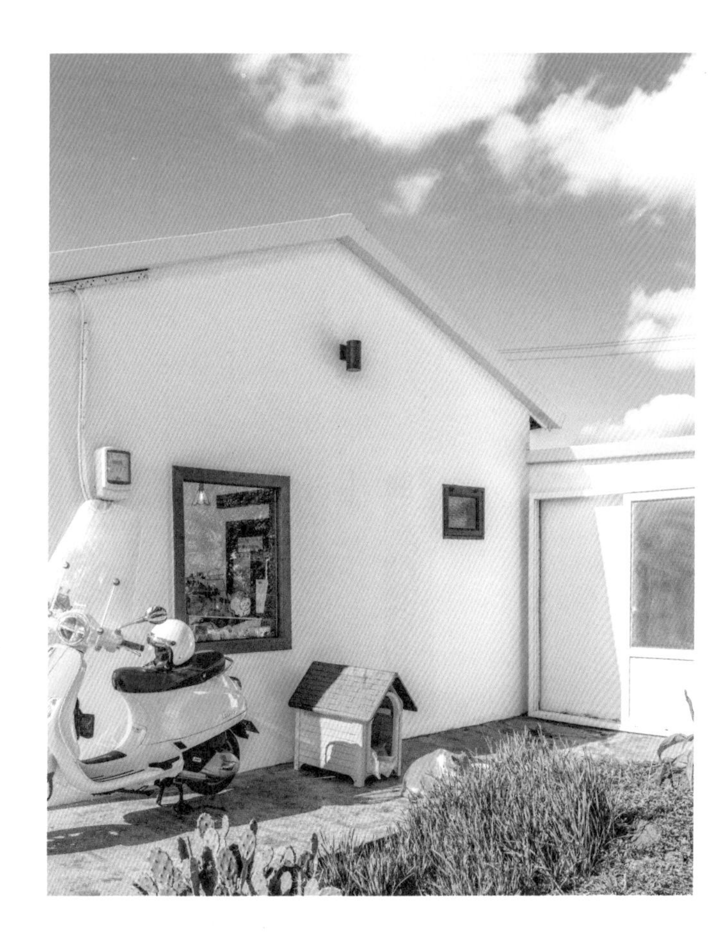

Cafe

JEJU NYANG-I

제주시 구좌읍 해맞이해안로 1178-1

노란색 지붕 아래 길고양이들이 살고 있는 카페 겸 소품점이에요. <제주냥이> 앞에는 넓은 잔디마당이 있어서 가볍게 산책하기에도 좋죠. 귀여운 걸 좋아한다면 꼭 방문해 보시길 추천합니다. @jeju.meow

Cafe

Vharam

제주시 구좌읍 월정1길 46-9

빈티지하면서 이국적인 분위기를 느낄 수 있는 카페예요. 우드톤 인테리어에 소품을 판매하고 있고, 샌드위치와 음료가 있어서 간단히 요기를 채우기 좋아요. <바람> 야외엔 마당 평상이 있어서 시원한 바람을 맞으며, 편안한 시간도 보낼 수 있습니다.

@_vharam

Guest House

DDOJA STAY

제주시 구좌읍 김녕로11길 9

<또자 스테이>는 김녕해수욕장 근처에 있는 감성 숙소입니다. 건물 안에서 마당이 바로 보이는 구조라 반려견들이 오가기 좋아요. 마당에서는 오프리시로 자유롭게 다닐 수도 있죠. 모두가 마음 편히 제주의 감성을 느낄 수 있는 공간이에요. @ddoja_stay

Cafe

DELEKOOMDA

서귀포시 성산읍 섭지코지로 25번길 64
산책하고, 커피도 마시기 좋은 야외 시설입니다. 다양한 포토존이 있어서 반려견과 함께 사진 찍기에도 좋아요. <드르쿰다>에서 제주의 바람을 쐬면서 인생 사진도 남겨 보는 건 어떨까요? @delekoomda_official

Pub

CHEEHADO

제주시 구좌읍 하도15길 107-17
조용한 하도리 마을에 숨어있는 가맥집이에요. <취하도>엔 컵라면, 마른안주 등 다양한 안주거리들이 있습니다. 마당 평상에서 시골 분위기를 느낄 수 있죠. 한적한 풍경 속에서 편안한 시간에 취하고 싶은 분들이라면 꼭 방문해보세요. @cheehado

We Will Protect You And Jeju's Memory

제주개 생활연구소
COFFEE & DESSERT

제주개 생활연구소

진도에 진돗개가 있듯 제주도에는 토착견 '제주개'가 있다. 여우 같은 넓은 이마와 좁은 입을 가졌고, 빗처럼 꼿꼿이 올라간 꼬리가 특징인 강아지. 성격은 온순하지만 사냥개 역할을 해온 터라 활동량이 왕성하고 호기심도 많다. 다 자라면 15kg으로 늠름한 풍채를 가지고 있는데 예전엔 말 한 마리와 같은 대우를 받았다는 기록도 있다. 이 친구를 더 알고 싶어, 제주개를 알리고자 탄생한 카페 <제주개 생활연구소>의 윤건우 대표를 만났다.

'카페'라기엔 학구적인 이름을 가지고 있어 재미있었어요. 제주개 생활연구소는 어떻게 시작하셨나요?

제주개 생활연구소는 반려견 동반 제주여행을 돕고, 반려동물 동반 업체 등의 정보를 소개하는 제주도 기업 <아일랜드 독>과 아무것도 버려지지 않는 아름다운 세상을 만들고 반려생활을 연구하는 소셜벤처기업 <밸리스>가 함께 기획한 공간이에요.

밸리스의 오프라인 매장 <반려동물 생활연구소>에서 영감을 받아 '사람들이 잘 모르는 제주개를 홍보하고 연구하며 소개하는 공간으로 기획하면 어떨까?' 하여 제주개 생활연구소라고 이름 붙여 시작하게 되었죠. 세상에 알려지지 않은 무언가를 고민하고 고찰하는 공간이 '연구소'잖아요? 카페치고는 낯설지만, 새로운 도전이 될 것이라고 생각했습니다.

백문불여일견이라고 하죠. 온라인으로 홍보를 하더라도 사진과 영상 등 간접적인 콘텐츠로 소개한다면, 관심과 공감을 받는 게 쉽지 않을 것 같았어요. 그런 고민을 통해 제주개 '탕이'를 직접 만날 수 있고, 반려동물과 함께 방문하는 분들이 편하게 머무르며 감귤밭과 곶자왈 뷰를 바라보며 힐링할 수 있는 카페 제주개 생활연구소가 탄생하게 되었습니다.

연구소의 마스코트 '탕이'는 어떻게 함께하게 되었나요?

EBS 다큐멘터리를 통해 제주개를 처음 봤어요. 제주도에서 반려동물 관련 사업을 진행하고 있던 터라 더 호기심이 생겼습니다. 그래서 제주개 관련 자료들을 찾아봤어요. 축산진흥원에서 순혈 제주개를 추첨 방식으로 분양했던 적이 있더라고요. 하지만 이후엔 제주개를 분양하지 않았다는 정보를 얻었고, 동시에 제주개 보존에 어려움을 겪고 있다는 것도 알게 되었죠. 우리가 사명감을 갖고 제주개를 더 많은 분께 알려야겠다는 생각을 하게 되었어요.

그때부터 준비를 많이 했습니다. 제주개를 보전해야 하는 이유, 그리고 저희의 활동 등을 명확히 정립하고 주변 지인 및 관계자를 통해 제주개를 수소문했어요. 그때 우연히 저희 진심을 알아주신 분께서 "제주개를 직접 키워보지 않겠냐"라는 말씀을 하시며 탕이를 소개하셨죠. 그 첫 만남 뒤, 지금까지 함께하게 되었답니다.

제주개 생활연구소에서 탕이는 어떤 하루를 보내고 있나요?

제주개 연구소엔 웰시코기 '마루'와 제주개 탕이가 함께 상주하고 있습니다. 두 친구 모두 집에서 출퇴근을 함께하는데 컨디션에 따라 재택근무를 할 때도 있어요. 마루는 7살로 워낙 사람을 좋아하고, 매장에서 다른 친구들 만나는 것도 좋아해서 인기가 많아요. 손님들이 들어오면 만져 달라고 왕왕 짖기는 하지만 그것마저 사랑스러워서 손님들의 인기를 독차지하고 있죠.

탕이는 어떤 강아지보다 활발한 10개월 아이예요. 재빠르고 힘도 세죠. 가끔 장난이 과해서 다른 강아지와 트러블이 생길 때도 있었습니다. 강아지 사회에도 엄연히 예의와 예절이 있는데 탕이에겐 호기심이 먼저더라고요. 이런 일을 예방하기 위해 펫스쿨에서 사회성을 익히는 시간도 보내고 있답니다.

물론 이 왕성한 활동량과 호기심 덕에 사랑스러울 때가 더 많아요. 일반 강아지 같은 경우엔 엄두도 못 낼 것 같은데, 나비와 벌을 잡아보겠다며 뛰어다니는 모습을 보면 정말 말괄량이 아이를 보고 있는 느낌이랄까. 호기심 어린 눈빛과 살랑살랑 거리는 길고 탐스러운 꼬리가 제주개의 큰 매력이죠.

매장 안에는 마루와 탕이를 위해 펜스로 공간을 만들어 놨어요. 그런데 호기심 많은 탕이는 매장 안 상황이 궁금한지 가만히 있지를 못하죠. 점프해서 펜스를 잡고, 팔 힘으로 버티는 모습을 종종 볼 수 있습니다. 머리만 쏙 나와서 매장 안을 점검하는 탕이의 모습을 방문하는 분들이 많이 귀여워해 주시더라고요.

제주개를 지키기 위해 앞으로 어떤 노력이 더 필요할까요?

제주개 혈통을 보존하는 일은 한 집단의 힘으로만 해결할 수는 없는 문제예요. 단계적으로 해결해야 할 것들이 많죠. 먼저 제주개에 관한 인식과 공감이 뒷받침 되어야 해요. 이후엔 여러 단체와 협의해 혈통을 보존하고 번식시킬 수 있는 방법도 고민해야 하죠. 제주개라는 견종을 소개하는 건 저희가 사명감을 갖고, 앞장서서 진행할 수 있다고 생각해요. 사실 제주도에 거주하시면서도 제주개라는 견종을 모르는 분이 정말 많습니다. 저희 매장을 방문하고서 제주개가 있다는 사실을 알아가는 분이 많아졌고, '제주개를 보러 왔다'고 말씀해주시는 분도 많아져 보람을 느끼고 있어요. 그밖에도 제주 시내 곳곳에서 제주개를 알릴 수 있는 활동을 넓혀가려고 해요. 탕이만의 독특한 스토리텔링을 입힌 캐릭터 굿즈, 탕이의 일상을 담은 브이로그 등으로 제주개를 알리는 데 더 힘쓰고자 합니다.

제주개를 왜 보존해야 하냐구요? '도민들과 함께 해온 역사가 있는 토착견이 현재 멸종 위기종으로 잊혀져가고 있다'는 것만으로도 우리가 관심을 갖고 지켜야 할 이유는 충분해요. 지금이라도 알았기에 조금씩 노력해야 한다고 생각합니다.

글·사진 윤건우 @jejugae_cafe / **사진** 옥세일 / **에디터** 강해인

글 구낙현 @imkeumoae / 사진 아트레이블 @artlable.studio / 에디터 박조은

GYUL ENTERTAINMENT

PICK ME UP! THE FIRST PUPPY IDOL TANGERINES

"(둘, 셋) 안녕하세요! 우리는 탠져린즈입니다!"
국내 최초 강아지 아이돌 <탠져린즈>의 소속사, 귤 엔터테인먼트의 대표 구낙현입니다. 반려견 '금배'와 함께 좀 더 다양한 세상을 경험하고 싶어서 직장을 그만두고 무작정 제주로 이주한 도민이기도 하죠. 좀 쉬면서 앞으로 어떻게 먹고살지 고민해 보자는 단순한 생각으로 제주도 생활을 즐기던 중, 차도 옆 길에서 위험하게 돌아다니고 있는 아기 강아지 한 마리를 만났어요. 그때는 몰랐죠. 그 아기 강아지가 제 인생을 이렇게 바꿔 놓을 줄은.

아기 강아지를 쫓아 들어간 곳에는 총 일곱 마리의 아기 개와 줄에 묶인 다섯 마리의 성견이 쓰레기 더미 속에 방치된 채 생활하고 있었어요. 위험한 차도에 노출되어 있는 아이들을 외면하고 돌아설 수가 없더라고요. 주인이 나타나기를 기다렸다가 일단 아기들 만이라도 가족을 찾아주겠다고 말하고 데리고 왔어요. 그리고 집에 와서 해맑게 꼬물거리는 아이들을 한참 바라보다가 아이디어가 떠올랐어요. '아이돌 그룹 콘셉트로 입양홍보를 해보면 어떨까?' 업계가 워낙 치열하다 보니(?) 색다르게 표현해야 한 번이라도 더 눈길을 받을 수 있을 거라고 생각했거든요. 그래서 <탠져린즈>라는 그룹명을 만들고, 금귤, 풋귤, 황금향, 한라봉, 천혜향, 레드향, 영귤이라는 이름을 붙여줬죠. 그리고 '우리는 반려견 데뷔 준비 중. 누나들의 심장을 저격하러 왔다!'라고 적은 아이돌 콘셉트의 입양 홍보 포스터를 SNS에 업로드했습니다. 그리고 다음 날 일어나 보니 과몰입한 누나 팬들의 성원에 힘입어 제가 귤 엔터테인먼트 대표가 되어 있더라고요. 하하…

한 마리, 두 마리 탠져린즈 멤버들이 평생 가족을 만나 데뷔를 하게 되었어요. 그러면서 쓰레기 더미 속에 함께 있던 성견들을 더 이상 방치해둘 수 없다는 생각이 점점 커졌어요. 최소한의 케어라도 해주고 싶었죠. 그래서 탠져린즈를 처음 만났던 곳을 다시 방문했어요. 여전히 1m 줄에 묶여 있는 성견들이 사람을 보고 속 없이 반겨주더군요. 그런데 글쎄 묶여 있는 성견 뒤로 또 다시 일곱 마리 아기 강아지가 줄줄이 따라나오는 거예요. 아, 그때의 당혹감이란 정말… 결국 또 길거리 캐스팅을 감행했습니다. 이 아이들이 <만다린즈>예요. 스위티, 유자, 베르가모트, 라임, 오렌지, 포멜론, 레몬으로 이루어진 그룹입니다. 해외 진출까지 생각하며 영어로 이름을 지어봤어요(웃음). 이 아이들은 현재 각자 임시 소속사에서 매니저와 합숙하며 반려견 데뷔를 준비하고 있어요. 그리고 성견들로는 <노지감귤즈>를 꾸렸어요. 탠져린즈와 만다린즈의 어미 개 자몽이와 감귤, 그리고 함께 묶여 있던 조생, 온주, 탱자가 멤버예요. 아이들이 오랫동안 좋지 않은 환경에서 방치된 채 지낸 만큼 천천히 시간을 두고 사상충 치료를 마친 후에 가족을 찾아주려 합니다.

제주도에 와서 유기견들을 정말 많이 만났어요. 서울에서는 묶여 있거나 길에서 떠도는 개들을 마주치는 일이 흔치 않거든요. 제주시 유기동물보호소에 입소하는 유기동물이 한 달 평균 500마리 정도이고, 일 년이면 7,000마리라고 하더군요. 그 중 절반 이상 안락사가 되고요. 어마어마한 숫자죠. 제주도 오기 전에는 "관광객들이 버린 유기견이 그렇게 많다더라"는 이야기를 많이 들었습니다. 그런데 막상 와서 보니 떠도는 개의 대부분이 중형견 이상의 진도 믹스 강아지들이더라고요. 유기하기 위해 비행기에 수하물로 켄넬에 태워서 제주도까지 오지는 않겠죠? 결국 동네에서 중성화를 하지 않고 묶어 키우다 탈출한 개들, 불법 식용개농장에서 탈출한 개들, 그런 개들이 낳은 개들이 대부분이었습니다. 탠져린즈도 마당에서 컸다면 몇몇은 탈출해서 들개 혹은 유기견이 되었을 거예요.

최근 제주도 중산간 지역에 야생화된 들개 2,000여 마리를 유해 동물로 지정하여 총기 포획하는 것을 논의 중이라고 하죠. 이 아이들이 어디서 왔는지 먼저 알아야 근본적 해결책이 나올 거라 생각해요. '생명은 물건이 아니다'라는 인식을 가지고 근본적으로 이 문제를 다루지 않는다면 2,000마리 들개는 금방 또 다시 생겨날 거예요. 그래서 저희는 멤버들의 입양 조건으로 '생명을 어떻게 대하는가'를 가장 중점적으로 보고 있어요. 아이들 입장에서 필요한 것을 생각하는 태도, 똑같은 말을 만 번 반복할 수 있는 느긋함, 하늘이 무너질 것 같을 때도 리드줄로 눈물을 훔치며 산책할 수 있는 근면함을 가진 분을 찾고 있답니다. 국내 최초 강아지 아이돌 <탠져린즈>는 현재 모두 평생 가족을 만나 데뷔에 성공했습니다. 아직 연습생인 <만다린즈>와 <노지감귤즈>도 모두 데뷔할 수 있도록 많은 관심 부탁드립니다.

HELPING OUT ABANDONED PET'S IN JEJU

글 홍난영 @jejefriends_official / **그림** 오지원 / **에디터** 강해인

JEJE FRIENDS

환상적인, 아름다운, 따뜻한. 제주는 멋진 수식어를 많이 가진 섬이다. 하지만 지난 5년 동안 전국에서 유기동물 발생률이 가장 높은 지역이기도 하다. 반려동물에겐 따뜻함과 쌀쌀함이 공존하는 기이한 공간. 이런 상황에서 제주가 잃어버린 온도를 되찾기 위해 '유기동물 없는 네트워크'를 구성해 노력하는 이들이 있다. 이 섬이 본래 품었던 온기를 나눠주기 위해 동분서주 바쁜 나날을 보내고 있는 <제제프렌즈>도 그중 하나다.

사실 제제프렌즈의 홍난영 대표도 제주가 전한 따스함에 치유받았던 과거가 있다. 투병 중이던 어머니를 10년간 간병하고 떠나보낸 뒤, 거대한 무력감에 빠졌던 그는 영화 <월터의 상상은 현실이 된다>를 보고 막연히 떠나고 싶었다고 한다. 그때 마침 '제주 국수 여행' 콘셉트의 책 의뢰를 받으며 낯선 땅 제주에 발을 디뎠고, 그 여정과 함께 인생의 새로운 장을 열 수 있었다.

처음엔 혼자 하는 많은 것이 두려웠지만, 국수라는 목표가 있어 완주할 수 있었던 여행. 이 여행에서 홍 대표는 제주 곳곳을 다니며 영화 속 월터처럼 행복감을 느꼈고, 잃었던 미소도 되찾을 수 있었다. 간병 생활로 아무것도 할 수 없던 그에게 제주는 새로운 '가능성'을 발견할 수 있는 공간이었다. 그래서 육지를 완전히 떠나 제주로의 정착을 결심하게 된다.
이 섬에 자리 잡으며 입양한 강아지가 유기견 '탐탐'이와 '제제'였다. '이왕 맞이할 거 유기견이 좋겠다'라는 마음으로 제주동물보호센터로 향했던 홍 대표. 그땐 몰랐다. 이 방문이 제주에서의 삶을 완전히 바꿔 놓을지. 입양을 계기로 자원봉사를 시작했던 그는 유기견의 삶을 곁에서 바라보다 알게 된 것이 있었다. 치료와 사랑을 받으면서 밝아진 아이들일수록 입양될 확률이 높다는 것. 이후 더 많은 아이를 치료해주고 싶었던 마음은 반려견의 이름을 딴 제제프렌즈 설립으로 이어졌다.

제제프렌즈는 많은 시작 중 하나였다. 이후 임시보호를 통해 소중한 아이들과의 만남이 이어졌다. 코로나 장염을 앓고 털이 빠져 고생했던 '라라', 뒷발이 불편해 걱정을 해야 했던 '주주'까지 가족으로 맞이하면서 제주에서의 생활도 큰 변화를 맞이한다. 탐라자매, 제주형제와 함께 대가족을 이루게 된 홍 대표는 이 친구들의 이름을 모티브로 한 '탐라제주(탐탐일가, 라라공작소, 제제프렌즈, 주주트래블)'를 운영하며 여행, 글쓰기 등 다양한 활동을 진행하고 있다.

상처가 있는 유기견에 관해 생각하는 건 무겁고 마음이 아프다. 제제프렌즈는 이 무게를 덜어낼 수 있는 방법으로 유기동물 문제에 접근을 시도하고 있다. 밝고 귀여운 디자인을 가진 후원 굿즈가 대표적이다. 굿즈 구매를 통해 아이들을 도울 수 있어 즐겁다는 의견이 많았고, 지금은 제주에서 모르는 이가 없을 정도라고 한다. 이미 첫 펀딩을 통해서 세 유기견이 심장사상충을 치료받았고 새로운 가족도 만날 수 있었다.

굿즈 펀딩과 판매 덕분에 제제프렌즈는 건강하게 운영되고 있고, 각종 후원금도 유기동물만을 위해 100% 사용하고 있다. 유기동물의 치료, 구조, 임보, 입양 활동과 함께 길고양이 사료까지 지원하는 등 따뜻한 손길을 곳곳에 뻗는 중이다. 제제프렌즈는 이를 '대중적'이라 표현하며 쑥스러워하지만, 그들만의 방식으로 유기견을 향한 관심을 촉구한 뜻깊은 결과물이다. 또한 굿즈 구매와 후원을 통해 행동했던 많은 이의 마음이 모인 소중한 결실이기도 하다.

제제프렌즈는 굿즈뿐만 아니라, 따뜻한 문화를 만드는 일에도 앞장서고 있다. 학생들에게 유기동물의 현실을 알리고, 참여할 수 있는 봉사활동을 소개하는 특강과 '핀 버튼'을 제작하는 체험 활동을 진행했었다. 학생들이 만든 굿즈는 즉석에서 기부 받아 제제프렌즈 후원 상품이 되기도 했다. 이는 세상을 바꾸는 값진 순간으로 이어지기도 했는데, 체험 활동 후에 학생들이 모여 유기동물과 관련된 행사를 열기도 했다고. 반려동물과 함께하는 세상의 온도는 이렇게 조금씩 올라가고 있다.
제주 내에 반려동물을 가족이라 생각하는 인식이 늘어가고 문화도 바뀌고 있지만, 제제프렌즈는 반려동물과 함께하는 세상을 위해 더 먼 곳을 바라보고 있다. 착실히 모은 돈으로 사설보호소 유기동물 데이터베이스 구축을 준비 중이고, 유기동물 관련 교재를 만들어 교육사업도 진행할 예정이다. 그리고 유기동물을 위해 일하는 사람들과 연계된 제주 여행 데이터 사업 및 커머스 사업을 기획해 결국엔 유기동물이 혜택을 받을 수 있는 산업 구조를 만들려고 한다.

탐라제주 네 친구가 함께하는 제제프렌즈는 유기동물을 위해서 더 많이 꿈꾸고, 움직이고 있다. "우리가 꿈꾸는 세상은 불편함 없이 반려동물과 생활할 수 있고, 여행할 수 있는 세상입니다. 물론 반려동물을 싫어하는 분들과도 공존해야겠죠. 세심한 관심으로 그런 문제를 해결해나갈 거예요. 그런 게 우리가 함께 사는 세상 아닐까요?" 거대한 가족 구성원 만큼이나 마음도 넓은 제제프렌즈의 홍난영 대표가 그리는 세상은 이런 모습이었다.

JEJU ART STUDIO

재주껏 제주를 그리다 <재주그림관>

바다와 오름을 아우르는 제주 함덕에서
재주로 제주를 그리는 일러스트레이터 진을 만나다.

글·사진 이현진 @_jiiiiiiiiin / **에디터** 조문주

재주그림관

저는 4년째 제주에 살며 사진가인 남편과 함덕에서 공동 스튜디오를 운영하고 있어요. 사진과 그림, 두 파트로 나뉜 스튜디오에서 <재주그림관>이라는 이름으로 그림 공간을 꾸려 나가고 있습니다. 이곳에서 드로잉 클래스와 개인 작업 및 여러 굿즈 제작하고 있어요.

처음 제주에 왔을 때부터 동물을 그리지는 않았어요. 바다, 오름, 숲길, 한라산 등등 제주가 가진 풍경을 위주로 그림을 그렸죠. 제주의 풍경을 그렸다 보니 그림 자체는 예뻤지만, 스토리가 없는 장면 같다는 느낌을 스스로 받았어요. 또 그때는 혼자 뚜벅이 생활을 했다 보니 자연스레 동네에 돌아다니는 강아지들이나 볕에 뒹구는 고양이들이 일상 사진 속 피사체가 되었어요. 풍경만 있던 그림에서 강아지와 고양이 그림이 더해지면서 포인트가 하나씩 생겼고 또 거기에 스토리를 담으니 많은 분이 좋아해 주시더라고요. 그렇게 길냥이 길멍이 그림을 그리기 시작했어요.

그 인연 덕분일까요? 제주에 내려온 바로 그해 처음으로 유기동물 관련 작업을 할 수 있었어요. 유기묘들을 위한 굿즈였죠. 제가 만든 고양이 마스킹 테이프를 납품해 판매금의 일부를 기

부하는 방식이었습니다. 큰 금액은 아니었지만 유기동물을 위해 무언가를 했다는 것이 너무 뿌듯하게 느껴졌어요. 생각해 보니 그 인연을 계기로 유기동물 관련 작업을 하기 시작했던 것 같아요. 우연히 만난 동네 강아지 고양이들이 저를 여기까지 이끌어 준 거죠.

걷다 보면 만나는 아이들

제주의 유기견들은 그저 길을 걷다 만나는 반가운 존재들이었어요. 그 아이들이 어떤 삶을 살아가고 있는지 생각해 본 적은 없었어요. 반려견 금동이와 가족이 되기 전까지는 말이죠. 금동이를 반려하면서 길에서 생활하는 아이들이 눈에 들어오기 시작하더라고요. 그 삶을 바라보기 시작하면서 유기견의 현실을 제대로 마주했어요.

사실 지금도 '직접적'으로 아이들을 돕고 있지는 못해요. 예를 들어 입양이라든가 임시보호라든가 그런 거요. 제가 가진 건 그림을 그리는 기술뿐이라 작게나마 길 위의 아이들에게 도움이 되고자 강아지, 고양이 그림을 그리기 시작했어요. 저의 강아지 고양이 그림들은 모두 사진으로 먼저 찍은 후에 사진을 보며 그린 그림들이에요. 순간 포착으로만 아이들의 모습을 잡을 수 있거든요(웃음).

그림에는 강아지나 고양이의 표정에서 제가 느꼈던 순간의 감정을 담아요. 길에서의 생활이 너무 고단하지 않았으면 하는 제 마음이 그림에 담겨 이들에게 전해지길 바라요. 오늘보다 더 나은 삶을 살아갔으면 합니다.

제주 유기견 굿즈를 구매하는 분들을 보면 제가 하는 일을 함께하는 느낌이 들어요. 후원 굿즈에 관심 가져주는 것 자체만으로도 긍정적인 효과를 보는 것 같아요. 설명하는 저희도 부담이 없고요. 앞으로도 유기견이라는 무거운 주제를 귀엽고 따뜻하게 풀어나가고 싶어요. 지금껏 해왔던 것처럼 그림을 통해 유기견들에게 작은 도움이 되고 싶습니다.

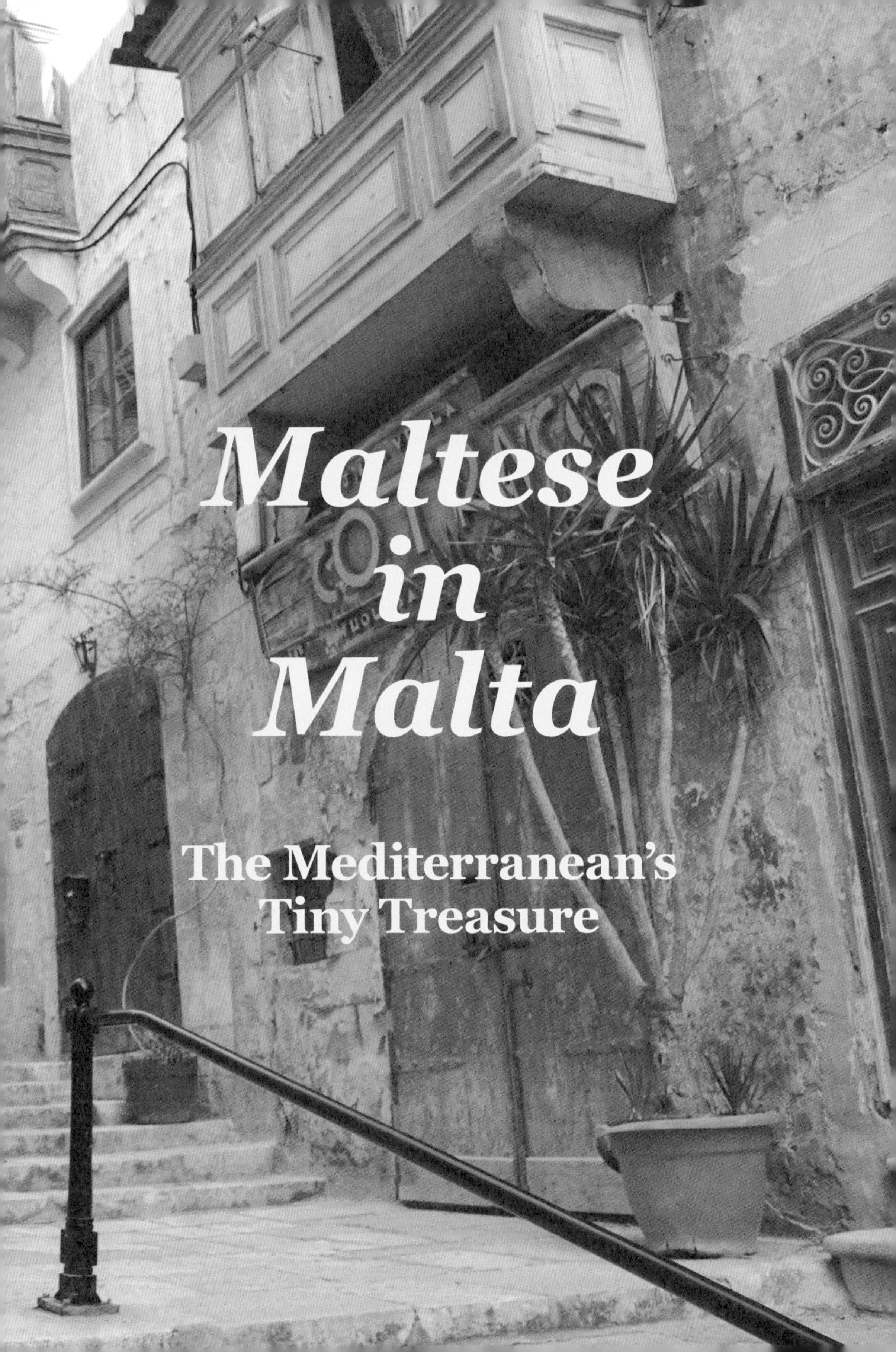
Maltese
in
Malta
The Mediterranean's
Tiny Treasure

말티즈의 고향 몰타
지중해의 보물 같은 섬을 걷다

글·사진 윤진 @jadu_themaltese

힘들었던 2020년을 마무리하며 따뜻한 힐링의 연말을 보내기 위해 우리 가족은 몰타로 떠났다.

사실 처음에는 우리가 거주하는 오스트리아의 비엔나 인근이나 알프스 산맥이 있는 티롤 지역에서 성탄 휴가를 보낼 계획이었다. 그러나 코로나로 인한 2차 록다운이 지속되면서 호텔과 식당이 모두 폐쇄되었다. 우린 고민 끝에 지중해의 보물로 불리는 몰타에서 연말을 보내기로 결정했다.

이탈리아 반도 아래 위치한 섬나라 몰타는 유럽에서 겨울 휴양지로 손꼽히는 장소다. 한국에서는 2018년 방탄소년단의 몰타 여행기로 많이 알려진 곳. 총 6개 섬으로 구성된 몰타 공화국의 전체 면적은 제주도의 6분의 1 정도에 불과하다.
다른 무엇보다 몰타가 '말티즈의 고향'이라는 역사적인 사실 때문에 우리는 그곳이 더 마음에 들었다. 대부분 유럽인들이 말타로 발음하는 몰타(Malta)에서 태어난 스피츠 종의 개가 바로 말티즈(Maltese)다. 19세기 영국은 몰타를 식민 지배하면서 이곳 태생의 개를 빅토리아 여왕에게 헌상하고 말티즈라 명명했다. 이후 유럽을 비롯한 전 세계 애견인들에게 말티즈는 가장 사랑받는 견종 중 하나가 되었다고 한다.

우리 가족이 새끼 말티즈를 처음 만난 건 2020년 6월의 마지막 날. 생후 8개월 꼬물이는 비엔나에서 차로 50분 거리 블루마우의 개 보호시설, <훈데베트레웅 블루마우>에서 마치 운명처럼 우릴 기다리고 있었다. 어미 개가 출산으로 배 수술을 했는데 새끼들이 젖을 빠는 중 계속해서 그 수술 부위를 핥았다고 한다. 보다 못한 개 주인이 결국 새끼 강아지들을 보호시설에 맡겼고, 혹시라도 입양 희망자가 있으면 주선해달라는 부탁에 우리와 인연이 닿은 것이다.
강아지를 만나러 가기 전부터 나와 아내, 딸 주니는 아이의 이름을 뭐라고 지을지 고민했다. 난상토론 끝에 3개의 후보가 추려졌다. 올리, 자두, 뭉치. 올리는 뭔가 기품 있고 세련된 이미지이고, 자두는 작고 귀여운 느낌이며, 뭉치는 장난꾸러기 털북숭이를 연상시켰다. 그리고 훈데베트레웅 블루마우에서 말티즈 강아지를 본 순간, 우리의 마음은 저절로 일치했다. "이제부터 너의 이름은 자두야!" 꼬물이의 모습은 귀엽고 앙증맞은 자두 그 자체였다.

자두와 가족이 되고 처음 맞이하는 크리스마스. 몰타에서 한 해를 마무리하기로 결정한 직후, 자두와 함께 비행기를 무사히 타기 위한 '007 작전'이 시작되었다(몰타항공 홈페이지의 예약 사이트에 있는 '개와 함께 여행하기'라는 섹션을 참고했다). 첫 단계는 기내 동반탑승이 가능한지 여부였다. 자두 몸무게 6.2kg에 항공 전용 케이지 1.2kg을 합치니 7.4kg으로, 무게 제한 8kg을 아슬아슬하게 통과했다. 하지만 항공 규격에 맞춘 케이지가 자두 덩치에 비해 너무 작아서 과연 비행시간 동안 버틸 수 있을까 걱정스러웠다.
온라인으로 주문한 항공용 특수가방이 도착한 날부터, 자두가 익숙하게 케이지에 들어갈 수 있도록 매일 저녁 특훈을 실시했다. 처음에는 케이지에 들어가기는커녕 쳐다보지도 않던 자두가 사료와 간식으로 유인하니 점점 관심을 보였다. 케이지 안에 들어가 있는 시간이 길어진 뒤로는 케이지를 손에 들고 마루를 한 바퀴 돌며 이동 시 흔들림에도 적응할 수 있게 훈련을 했다.
그리고 자두의 검역 상태 확인을 위해 비행기 탑승 3일 전 수의사로부터 건강 확인 증명을 받았다. 자두의 펫 패스포트에 광견병 접종을 비롯한 예방주사 기록도 제대로 체크되어 있는지 확인했다. 자두가 좁은 케이지에서 불편하지 않을까 전용 미용실에서 깔끔하게 털을 잘랐다. 또 강아지 신경안정 효과가 있는 허브 원액을 출발하기 5일 전부터 간식에 섞어서 먹였다. 유럽에서는 개가 집에 혼자 있을 때, 장거리 이동을 할 때, 12월 31일 밤 도시 곳곳에서 축하 폭죽을 터트릴 때 미리 신경안정제를 먹이곤 한다.

자두와 함께하는 비행은 순조로웠다. 그리고 마침내 도착한 몰타. 호텔로 이동해 테라스에서 지중해의 아름다운 일몰을 바라본 순간, 숨이 멎을 것 같은 전율을 느꼈다. 맑고 잔잔한 지중해 물결

저 멀리 수평선 너머로 서서히 노을이 지는 풍경은 그야말로 장관이었다. 우리는 한동안 바다와 구름, 붉게 물들어가는 하늘을 바라보며 힘들게 떠나 온 여행길을 위로 받았다.

자두와 지중해 바닷가를 산책했다. 파도가 바위를 넘실거리는 해안가로 접어드니 짭조름한 냄새가 날아왔다. 간혹 거대한 바위 사이를 건너뛰는 모험도 곁들여가며 바다 바로 앞까지 걸어갔다. 태어나 처음 바다를 본 자두는 잔잔한 파도에도 깜짝 놀라 도망쳤다. 겨우 물가에 다가가 발을 담그더니 짠 내음에 연신 발을 핥았다. 도나우 강에서는 자신 있게 물속으로 뛰어들던 녀석에게도 지중해 바다는 예사롭지 않았나 보다.
밤이면 호텔 내 야외수영장 근처의 잘 정돈된 산책로와 모래밭에서 즐거운 시간을 보냈다. 비엔나에서는 마음껏 즐기지 못한 모래파기 놀이를 몰타에서 원 없이 하게 된 자두는 마냥 행복해 보였다. 자두가 정신없이 모래밭에서 뛰어놀고 있는 동안 선베드에 누워 몰타 밤하늘에 빛나고 있는 무수한 별들을 감상했다.

하루는 발레타(Valletta)까지 버스를 타고 이동했다. 해안도로를 따라 천천히 이동하는 버스 안에서 몰타 섬을 둘러싼 아름다운 해안가와 도시 모습을 감상할 수 있었다. 주니 품에 안긴 자두는 버스 창가에 바짝 붙어서 바깥 풍경을 유심히 바라보았다. 강아지는 근시에 적록색맹이지만 시야가 넓고 동체시력이 뛰어나다고 한다. 자두의 눈에 비친 몰타는 과연 어떤 모습일지 사뭇 궁금했다.
발레타에 도착해서 우리가 제일 먼저 방문한 곳은 어퍼 바라카 가든. 1824년 시민들에게 공개된 궁원으로, 전망대 바로 밑에 있는 포대에서는 매일 바다를 향해 예포를 발사한다. 과거에는 몰타를 지키는 요새였지만, 지금은 다양한 선박들이 오고 가는 항해의 중심지가 된 발레타의 힘찬 숨소리가 내 귓가를 맴도는 것 같았다.
아담하고 전망 좋은 어퍼 바라카 가든의 명물은 의외로 고양이였다. 주인이 없는 길고양이들이 공원을 어슬렁거리며 돌아다니고 있었다. 고양이를 처음 본 자두는 겁이 난 듯 경계하고 지켜보다가 이내 짖기 시작했다. 몰타가 말티즈의 고향인만큼 자두의 친구를 만날 수 있지 않을까 기대했지만, 정작 몰타에서 토종 말티즈를 발견하기란 하늘의 별따기였다.

비록 화이트 크리스마스와는 거리가 먼 청명한 가을 하늘의 크리스마스였지만, 그래도 몰타 시민들과 관광객들은 감사와 축복의 마음으로 성탄절을 기념했다. 코로나 때문에 일 년 내내 살얼음판 같은 위기와 숨 막히는 봉쇄를 겪어 왔기에, 2020년 크리스마스는 더욱 감동적으로 다가왔다. 무엇보다도 그해 여름 운명처럼 우리 곁에 찾아온 귀염둥이 말티즈 자두와 몰타에서 연말을 함께 보낼 수 있어서 좋았다. 우리는 노을 지는 지중해를 바라보며 따뜻한 추억 여행을 서로의 마음에 새겼다.

욕지도 삼형제

THE GREATEST GIFT FOR OUR FAMILY

글·사진 강혜빈 @strong_bean_ / **에디터** 강해인

흙과 풀을 벗 삼아 자유로이 뛰노는 욕지의 한량들

개성 강한 친구들과 독특한 매력을 가진 욕지도에서 살고 계시잖아요. 소개 부탁 드릴게요.

저는 욕지도에서 태어나고 자란 강혜빈이라고 합니다. 욕지에서는 강아지 세 마리와 함께 살았고, 지금은 학기 중이라 서울에서 생활하고 있어요. 저희 강아지들에겐 사연이 많아요. 첫째 '풀돌'이는 추석 즈음에 만났습니다. 동생, 친구들과 욕지도 드라이브를 하던 중이었죠. 그때 도로에서 어미개와 강아지들이 걸어가는 걸 보고 다들 귀여워서 소리를 질렀거든요. 그런데 둘째 동생이 자기만 못 봤다고 투덜거리며 저녁에 거길 다시 가겠다는 거예요. 당연히 컴컴한 도로 위엔 아무것도 없었고, 동생한테 "봐라! 없제! 이제 집에 가자"라고 했죠. 그때 풀숲에서 낑낑거리는 소리가 들렸어요. 라이트를 켜고 열심히 찾는데 거기서 강아지 한 마리가 쑥 고개를 내미는 거예요! 이후 이 친구의 가족을 찾아 헤맸지만, 끝내 만날 수 없었습니다. 그래서 새로운 가족으로 맞이했어요. 풀숲에서 만났다는 이유로 풀돌이가 되었죠.

'일월'이와의 만남은 더 기묘합니다. 일월이가 처음 온 날 저는 자취방에 있었어요. 그날 아빠가 가족 단톡방에 처음 보는 강아지 사진을 올리셨어요. 바로 전화해서 "저 아기는 누구야?"라고 했더니, 언젠가부터 집에 와서 풀돌이 밥을 먹고 있던 아이라는 거예요. 저희 집엔 계단이 있어서 작은 강아지가 혼자 올라오기가 쉽지 않아요. 그렇다고 다른 사람이 와서 두고 간 거 같지도 않았죠. 지금도 미스터리 중 하나예요. '일월이는 과연 어디서 왔는가! 우리 가족이랑 운명인가?'라는 생각을 하며 살고 있습니다. 처음 집에 왔을 때가 1월이라 일월이로 이름 지었죠.

'오레오'와의 만남은 비교적 평범합니다. 친척분이 집에 오셨을 때 키우던 개를 아빠한테 보여줬던 적이 있어요. 그때 반해버렸는지 "새끼 낳으면 한 마리 보내달라"고 하셨었죠. 그리고 그 일이 정말 일어났어요. 처음 본 날 너무 귀여워서 진짜 깨물어버리고 싶었죠. 흰색과 검은색의 털을 가져 오레오라는 이름을 갖게 되었습니다.

육지 사람에게 섬은 미지의 공간일 수 있어, 그 곳의 삶을 알고 싶은 분들이 많을 것 같아요.

섬에 산다고 하면 당연히 어업이나 농업에 종사할 거라 생각하는 분이 많아요. 반은 사실인데, 부모님께서 욕지도에서 유명한 고구마 농사를 짓고 계시죠. 그리고 집에 배가 한 척 있을 거라는 생각도 하시더라고요. 아쉽지만 배는 없답니다. 낚시를 좋아할 거라고 생각하는 분도 많지만, 저는 별로 재미가 없었어요.
학창 시절을 궁금해 하는 분도 많습니다. 욕지도엔 중학교가 하나밖에 없고, 반도 하나밖에 없어요. 그래서 고향 친구들과 유치원 때부터 중학교 졸업할 때까지 쭉 같은 반이었죠. 고등학교는 통영에 있는 기숙사에서 다녔는데, 주말마다 배를 타고 욕지도에 왔어요. 그땐 통영과 욕지도를 오가며 240번 정도 배를 탔었답니다.

섬에 살아야만 알 수 있는 '섬 생활'의 매력이 있을까요?

아무래도 자연과 가까이 있는 삶이라 매력적인 풍경을 자주 볼 수 있어요. 욕지에서 지내면 유독 주변을 찬찬히 살피게 되거든요. 꽃이 피고 지고, 나뭇잎이 자라고 떨어지는 모습이 새삼 신기하죠. 노을 보는 것도 좋아하는데, 매번 그 모습이 달라서 볼 때마다 새롭습니다. 아무래도 도시에 있으면 삶이 바쁘게 돌아가니 길거리의 사소한 변화를 놓칠 때가 많잖아요. 그런 것들이 욕지에서는 하나하나 눈에 잘 들어와요.
특히 욕지에서 보내는 여름방학이 너무나 즐거워요. 들어가면 더위를 싹 잊을 수 있죠. 그리고 별을 자주 보러 다닙니다. 달이 뜨지 않고, 구름이 없는 어두운 날이면 가로등이 없는 마을에 가서 별을 봐요. 저만의 장소가 따로 있거든요. 들판에 누워 풀벌레소리를 들으며 밤하늘의 쏟아질 듯한 별을 바라보는 시간이 너무 좋습니다. 유성우가 많이 떨어지는 날도 있어요. 그런 날은 놓치지 않으려 자주 검색해두죠. 정말 환상적이라니까요.

흑염소 24마리와도 함께하고 있는데, 강아지들과의 '케미'는 어떤가요?

아빠의 로망이 흑염소를 키우는 거였는데 우연히 한 마리를 키우게 됐어요. 그때는 이렇게 늘어날지 몰랐죠. 한 가족이라고는 하지만, 사실 저희 강아지와 흑염소는 그리 친하지 않습니다. 서로 분리돼 지내서 그런지 서로를 경계하는 거 같아요.
한 번은 우리를 탈출한 염소가 밭에서 고구마 줄기를 막 뜯어먹고 있었습니다. 큰일이다 싶었는데, 일월이가 그걸 보고선 밭에 들어가 염소를 지켜보고 있더라고요. '밭을 지켜야겠다'라는 생각을 했나 봐요. 웃기면서도 꽤 기특했죠. 가끔 일월이는 염소 밥 주는 아빠를 따라서 염소 우리에 들어가요. 위풍당당하게 들어갔다가 자기보다 덩치가 훨씬 큰 염소들을 보고 잔뜩 움츠러들고는 하죠. 일월이가 겁이 엄청 많거든요. 무서운지 아빠 발에 채일 정도로 꼭 붙어서 있다가 나와요. 그런데도 들어가는 게 신기하지 않나요?
아! 그리고 새들이 자주 강아지 사료를 먹어요! 밥그릇이 뺏기는 중요한 순간에도 삼형제는 그냥 보고만 있더라고요. 그 모습을 보고 아빠한테 "새들이 강아지들 밥 먹는데 쫓을까?"라고 했더니 "놔둬라 쟤들도 좀 먹게"라고 하셨죠. 우리 강아지들도 그런 마음이었을까요.

풀돌, 일월, 오레오는 섬에서 어떤 하루를 보내고 있나요?

저희 집 강아지들은 욕지도 최고 한량인 거 같아요. 가끔씩 보고 있으면 부러울 정도죠. 부모님도 "우리 집 개팔자가 상팔자"라고 자주 말하시곤 해요. 일과라고 할 것도 없고, 심심하면 서로 장난치며 놀아요. 아빠가 끼니마다 주는 밥과 제가 가끔 주는 간식을 먹고, 햇살 좋은 곳에서 누워서 잠들죠. 비가 오면 비를 맞으면서 뛰어다니고, 날씨가 좋으면 좋은대로 또 뛰어다녀요. 물론 중요한 일도 맡아서 하고 있어요. 가족들이 집에 돌아올 때 마중나와 반겨주는 초인종 역할을 하고 있습니다. 반대로 집에 낯선 사람이 찾아올 땐 열심히 짖으면서 집을 지켜요.
욕지에 있을 때에는 저녁마다 강아지들과 산책을 갑니다. 이게 생각보다 쉽지 않은데, 풀돌이는 자기가 원하는 만큼 움직이지 않으면 집에 가지 않을 거라고 고집을 부려요. 저는 힘들어서 집에 가고 싶어 매번 풀돌이랑 싸우죠. 고집이 워낙 세서 제가 거의 진답니다. 종종 어디서 놀고 왔는지 도깨비풀을 잔뜩 묻혀올 때도 있는데, 그때는 열심히 떼어 줘야 해요. 여러 가지로 힘들게 하죠? 하하.

반려견이 섬에서만 느낄 수 있는 특별한 행복이 있을까요?

사실 '강아지들이 여기가 섬이라는 걸 알까?'라는 생각을 자주 합니다. 욕지도를 벗어난 곳에서 살아본 적이 없어서, 이곳이 좋은지 잘 모를 것 같아요. 저도 학업 때문에 이곳을 떠나기 전 까지는 욕지에서의 삶이 좋다고 생각한 적이 거의 없으니까요.
욕지를 떠나보니 섬에서의 삶이 참 평화롭고, 안정적이었다는 것을 알게 됐어요. 풀돌, 일월, 오레오 삼총사도 욕지도 강아지니까 저와 비슷한 면이 있겠죠? 실제로 이 친구들이 섬을 좋아한다는 걸 느끼는 순간이 있습니다. 재밌게도 세 친구는 강아지 장난감을 별로 좋아하지 않더라고요. 땅을 많이 파고, 나뭇가지를 가지고 놀고, 풀 냄새 맡으며 자연에서 뛰어노는 걸 더 좋아하는 것 같아요. 동물들에겐 역시 자연만한 선물이 없겠죠?

세상 끝 동소우이도
WELCOME TO
THE END OF WORLD

글·사진 잇섬, YouTube <잇섬>

작은 섬마을,
낯선 이에게 길을 안내하는 '솔'

남쪽 작은 섬마을 동소우이도에 도착했습니다. 섬에 딱 하나 있는 민박집의 주인은 지금 바다에 나가 있어 바로 올 수 없다고 합니다. 혼자서 숙소로 향하려는데 선착장에 앉아있던 강아지 한 마리가 길을 안내하며 앞서 걷습니다. 녀석의 이름은 '솔'입니다. 이 강아지가 오래오래 이 섬을 추억하게 만들어 줄 거라는 걸 이때까지는 알지 못했습니다.

숙소에 짐을 풀고 동네를 한 바퀴 걸었더니 어느새 주인이 돌아왔습니다. 그리고는 이 섬에 숨겨놓은 보물 같은 장소로 안내하겠다고 합니다. 마을 주민이 직접 섬을 안내해 준다니! 전국의 섬 구석구석을 항상 혼자 다니던 저에게는 이보다 반가운 소식이 없습니다. 주인을 따라 마을 중간에 위치한 교회 뒷길을 걷습니다. 여름빛을 먹은 풀이 가슴 높이까지 자랐습니다. 막대기로 풀숲을 헤치고 나가는데, 갑자기 나타난 솔이 저희를 따라옵니다. 솔은 사람과 동행하는 걸 좋아하지만 산을 오를 땐 항상 사람보다 앞서 가지 않는다고 합니다. 산속은 사람 발길이 자주 닿지 않는 곳이니, 길이 정비돼있을 리 없고 잔가시와 부러진 나뭇가지들이 많아 몸에 상처가 나기 십상입니다. 그게 싫은 솔은 사람이 길을 내주면 뒤따른다고 하네요. 커다란 풀과 거친 길, 산을 뒤덮은 신우대 숲을 지나니 숨어있던 기다란 해변이 드러납니다. 이곳은 '마세장불'이라 불러요. '장불'은 썰물 때 드러나는 너른 모래밭을 부르는 전라남도의 말입니다. 마세장불이 보이자 솔이 앞서 걷기 시작하더니, 모래에 숨은 달랑게를 찾아내 뒤쫓으며 파도 위를 달립니다. 제가 고즈넉한 풍경을 즐기는 사이, 솔은 한참 동안 긴 해변을 놀이터 삼아 신나게 뛰다 그늘에 앉아 숨을 고릅니다. 그리고 우리가 마을로 돌아갈 채비를 하니 갈 때와 마찬가지로 올 때도 사람 뒤를 따라옵니다.

민박집에 다시 도착해 땀에 흠뻑 젖은 몸을 씻고 나와 정자에 앉았습니다. 그런데 저 멀리 보이는 솔이 해변을 서성이더니 갑자기 바다에 뛰어 들어갑니다. 놀라서 민박집 주인에게 말했더니 "솔은 겨울에도 바다에 들어가요. 하루에 몇 번씩이니요"라고 대답하시더군요. 솔은 곧 물에 젖은 상태로 돌아와 민박집 계단에 누워 쉽니다. 그런데 돌연 일어나 꼬리를 흔드는 겁니다. 민박집 주인이 들고 온 건빵 비닐봉지 소리에 반응한 것입니다.

여행 내내 솔이 그렇게 신난 모습은 처음 봤습니다. 민박집 주인은 저한테 말했습니다. "저는 저녁식사를 준비할 테니 건빵 좀 먹여주세요." 건빵을 좋아하는 강아지라니… 건빵 봉지를 받아들었더니 솔은 아직 채 마르지 않은 몸을 털면서 제게 다가와 금세 건빵 한 봉지를 다 얻어먹고 또 드러눕습니다. 솔을 쓰다듬으며 새로운 사실을 알게 되었답니다. 솔의 진짜 주인은 민박집 주인이 아니고 마을 이장님이라는 거예요. 정말 평범한 녀석이 아니더군요. 저녁식사를 하고 마당에 앉아 책을 읽고 있는데 야옹거리는 소리가 들려 고개를 돌리니 귀여운 고양이 한 마리가 다가옵니다. 이름은 '몽구'예요. 이 녀석이 '개냥이'인 것은 단번에 알 수 있었어요. 몽구는 호기심이 많고 사람을 좋아해 낯선 이들이 찾아와도 민박집 주변을 떠나지 않습니다. 섬에서 만난 동물 친구들은 그 섬의 분위기를 말해줍니다. 편안해 보이는 아이들이 많으면 대부분 그 마을 분위기가 온화한 편입니다. 몽구는 제가 책을 읽는 동안 테이블 위에서 놀다가 제가 관심을 주지 않자 바다를 볼 수 있는 테이블에 올라가 자기 꼬리를 붙잡고 오래도록 혼자 놀았습니다.

다음 날 새벽, 일출을 촬영하기 위해 일찍 일어나 어둑어둑한 마을 해변도로를 걸었습니다. 민박집을 벗어난 지 얼마 안 돼서 솔이 나타납니다. 해무가 짙어 하늘이 해를 보여줄 것 같진 않았지만, 아침 운동 겸 솔과 함께 걷습니다. 이번엔 앞서 걷네요. 중간중간 돌아보며 제가 어디까지 왔는지 확인하고 제가 잠시 멈추면 기다려 줍니다. 도로 끝에 도착해 일출 시간까지 삼십여 분 정도 기다리는데 가만히 앉아 그 시간을 함께해 줍니다. 그리고 돌아오는 길에는 휙 먼저 가버리네요. 아침부터 짙었던 해무로 오전 목포행 배가 결항되었습니다. 어쩔 수 없이 오후 배편을 타고 돌아가게 되었습니다. 배를 타고 떠나는 중, 선착장을 보니 솔이 나와있습니다. 솔은 배가 들어오고 나갈 때 자주 선착장에 모습을 보이는데 진짜 주인인 이장님의 업무를 대행하는 건가 싶어 피식 웃음이 나왔습니다. 돌아오는 배에서 솔을 찍은 사진과 영상을 보면서 다음에 꼭 다시 만나야겠다는 생각을 했습니다. 그게 벌써 1년이 되어 가네요. 솔아, 건강히 잘 지내고 있니? 올해는 꼭 다시 만나길 바라.

ITSOME 2021

솔이는 맘껏 바다에 뛰어든다. 하루에 몇 번씩이나.

섬에 사는 동물들은 그 섬의 분위기를 말해준다.

Mango's Backpacking Daeijakdo

저만큼 바다에서 수영을 많이 해본 강아지가 있을까요? 동해, 서해, 남해, 그리고 제주도에 이어 울릉도 물맛까지 보고 왔거든요. 강아지가 갈 수 있는 섬은 거의 다 가봤을 걸요? 지금, 이런 이야기를 할 시간이 없어요. 오늘도 집 밖에서 자야 할 거 같거든요. 분주하게 짐 싸는 소리가 들리죠? 제 간식 있는지 확인하러 가야겠어요. 그나저나 오늘은 어디에서 하루를 보내려나.

글·사진 강다솜 @mango_retriever
에디터 강해인

지금도 여행 중이실 것 같아요. 자기소개와 함께 여행을 다니는 든든한 친구 이야기도 들려주세요.

안녕하세요, 제주에서 리트리버 '망고'와 함께 지내고 있는 강다솜입니다. 영상을 기획하고 제작하는 일을 하는데, 프리랜서로 일하게 되면서 유기견 망고를 입양했어요. 안락사 직전인 망고를 급하게 데려오느라 그땐 대형견에 관해 아무것도 모르는 상태였죠. 망고의 넘치는 에너지를 해결하기 위해 야외 활동을 자주 하다 나중엔 더 다양한 걸 해보고 싶은 거예요. 그래서 등산과 여행에 도전했죠.

강아지와의 여행이 힘들 것 같다는 막연한 생각과 달리, 한국엔 강아지와 갈 수 있는 멋진 곳이 정말 많더라고요. 그래서 자연스레 캠핑에 입문하게 되었습니다. 대형견과 함께할 숙소 고민을 해결한 건 덤이었죠. 이 매력에 빠져 백패킹까지 도전했어요. 그렇게 산으로 섬으로 여행을 다니다가, 지금은 망고와 함께 제주도에서 지내고 있답니다.

서쪽 끝에 있는 대이작도를 다녀오셨더라고요. 서쪽엔 섬이 무척 많은데, 그중 대이작도를 선택한 이유가 있을까요?

예전에 망고와 대이작도 근처에 위치한 '승봉도'라는 섬을 당일치기로 다녀온 적이 있습니다, 하루만 보고 온 게 너무 아쉬울 정도로 좋은 기억을 많이 가지고 있었어요. 그래서 언젠가 꼭 백패킹을 가겠다는 다짐으로 그 주위의 섬을 찾아보다가 대이작도를 가게 되었죠. 섬엔 배를 타고 가야 하기 때문에, 큰 강아지와 함께 여행하는 게 쉽지만은 않습니다. 큰 강아지는 아예 탑승이 불가능한 배가 있고, 무조건 켄넬에 태워서 이동해야 하는 경우도 있죠. 25kg이 넘게 나가는 망고를 켄넬에 태우면, 30kg 가까이 되기 때문에 저 혼자서 이동하는 게 버거워요. 다행히 대이작도로 향하는 배는 켄넬 없이 외부 갑판에 망고가 탑승할 수 있었습니다. 그리고 배가 출항하는 대부도까지도 당시 살았던 집과 멀지 않아 더 좋았고요. 생각해보면 편한 것이 가장 큰 이유였는데, 너무 좋았던 결정이었죠.

대이작도에서의 백패킹은 어땠나요?

대이작도는 저와 망고의 인생/견생 첫 백패킹이었습니다. 장비도 제대로 없어서 친구에게 이것저것 빌려서 떠난 어떻게 보면 무모하게 도전한 여행이었어요. 그래서 설렘도 가득했죠. 용감하게 큰 배낭을 메고 망고와 승선했는데, 흔들리는 배의 갑판 위에서 망고가 겁을 먹고 움직이는 걸 거부하는 거예요. 배낭의 무게만으로 벅찼던 저는 어찌할 줄 몰라서 당황했죠. 게다가 추위에 오들오들 떨면서 가야했습니다. 함께 배에 탄 분들이 큰 개, 큰 가방과 함께한 저를 신기하게 보시고는 질문을 많이 하셨어요.

대이작도의 박지(1박을 하게 될 곳)는 항구에서 2km 정도만 걸으면 되는 거리에 있어요. 그런데도 초보에겐 그 코스도 너무 힘들더라고요. 그때 배낭의 무게를 실감했죠. 도착 후 배낭을 내려놓았을 때의 행복감을 지금도 잊지 못하고, 그렇게 백패킹에 재미를 붙이게 되었습니다. 유명한 박지가 아니었고 평일이라 사람도 많이 없었어요. 게다가 배 시간이 끊기자 트레킹 하던 분들도 다 빠져나가 섬엔 망고와 저, 둘만 남아있는 것 같았죠. 무섭지 않았냐고요? 망고와 함께여서인지 전혀 무섭지 않았어요. 아무도 없는 바다에서 망고와 함께하며 자유를 느낀 시간. 어떻게 표현할 수 없을 만큼 행복했어요.

대이작도에서만 볼 수 있는 풍경은 어떤 게 있을까요?

'바다는 역시 동해'라고 생각하며 살아왔어요. 하지만 승봉도 트레킹을 다녀온 이후로 그 편견이 깨졌습니다. 거기다 대이작도에선 흔히 생각하는 서해가 아닌, 정말 특별한 매력을 가진 아름다운 바다를 만날 수 있었어요. 해변의 모래가 고왔고, 한적한 평화로움도 좋았죠.

바닷가에서 보내는 여유로운 시간도 좋지만, 저는 활동량 많은 망고를 위해 어딜 가도 '같이 걸을 수 있는 코스'가 있는지 꼭 찾아봐요. 그런 면에서 대이작도는 작은 산과 들을 한 바퀴 걸을 수 있는 트레킹 코스가 잘 되어 있어서 두 배로 좋았던 섬이었죠. 섬은 산과 바다를 동시에 느낄 수 있는 특별한 공간인 것 같아요. 산에 올라 아래로 내려다볼 때 만나는 바다의 풍경은 정말 멋지답니다.

Mango's Backpacking Ulleungdo

대이작도에 이어 동쪽 끝, 울릉도에도 다녀오셨어요. 가는 길이 쉽지만은 않았을 것 같아요.

해마다 1~2번 정도 해외여행을 다녔지만, 망고를 입양하고는 함께 가기 힘들 것 같아 포기하고 있었습니다. 대신 망고와 대한민국의 더 많은 곳을 걷고 여행하기 시작했죠. 처음엔 막막했지만, 생각보다 어렵지 않았어요. 여행을 할수록 망고와 더 많은 곳을 함께 가보고 싶었습니다. 그래서 언젠가는 꼭 해외여행에 도전해보고 싶었죠. 그런데 코로나가 터져버렸고, 해외여행 대신 선택한 곳이 울릉도였어요. 제주 한달살이의 경험, 그리고 백패킹을 하면서 섬의 매력에 빠져 있었던 것도 선택에 한몫을 했죠. 물론 준비하는 데 애를 먹긴 했답니다. 이동시간도 길고, 울릉도에 강아지를 데리고 간 여행 후기를 거의 찾아볼 수가 없었거든요. 그래도 울릉도의 매력을 포기할 순 없잖아요. 항상 해왔던 것처럼 배에 태울 수 있다는 것만 확인하고는 무모하게 부딪쳤답니다.

여행 중 특별히 기억 나는 에피소드가 있을까요?

배와 관련된 기억이 강렬하게 남아 있어요. 반려견과 울릉도에 가려면, 포항에서 가는 배를 타야 해요. 켄넬에 태워서 탑승이 가능하죠. 유선 상으로 켄넬에 태우면 보호자와 함께할 수 있다는 얘기를 듣고 이동했어요. 그런데 막상 배에 탑승하려고 하니, 망고는 켄넬에 태운 뒤 분리된 공간에 따로 있어야 한다고 하더라고요. 망고가 머문 공간은 소음이 심하고 많이 흔들려서 스트레스를 많이 받았을 거예요. 이렇게까지 하면서 여행을 해야 하나, 많이 미안했죠.

더 큰 난관은 울릉도에서 돌아올 때였습니다. 올 때는 날씨가 좋아 몰랐지만, 울릉도에 들어오고 나가는 배가 정말 자주 결항되더라고요. 여행 막바지에 비가 오기 시작하더니 울릉도에서 나가기 전날 배가 뜰 수 없다는 연락을 받았습니다. 여기까지는 나쁘지 않았어요. 오히려 하루 정도 여행이 더 늘어난 것 같아서 선물 같았죠. 울릉도가 너무 좋아서 5박 6일의 일정이 조금 아쉬웠거든요. 선물 같은 하루를 보내고 다음날 배를 타러 갔지만, 배가 또 제시간에 뜨지 않더라고요. 그래도 그날 안에 배가 뜰 거라는 안내방송을 믿고 항구 앞에서 한참을 기다렸죠.

이날 돌아갈 수 없으면 망고 사료가 다 떨어져서 정말 긴급한 상황이었어요. 끝내 배가 뜨지 못했고 결국엔 아무데서나 텐트를 펴고 노숙을 해야 했습니다. 사료가 다 떨어진 탓에 망고는 마트에서 생닭을 사서 먹어야 했죠. 다행히 그 다음 날은 배가 출항해 울릉도를 탈출할 수 있었어요. 5박 6일이, 7박 8일이 되어버린 잊을 수 없는 여행이었답니다.

실제로 캠핑을 하면서 본 울릉도의 풍경은 어땠나요?

힘들게 도착한 만큼 울릉도는 모든 게 아름다웠어요. 그곳의 바다는 뭔가 말로 설명할 수 없을 정도로 맑고 깨끗했죠. 그냥 바다만 멍하니 쳐다보고 있어도 아무 생각이 들지 않고 마음이 평화로워지는 느낌이었습니다. 끝도 없이 펼쳐지는 맑은 바다에서 수영하던 망고도 정말 그림 같았죠. 동해, 서해, 남해, 거기에 제주도 바다까지 다 점령했던 망고였지만, 울릉도의 바다에서 신나게 수영하던 모습은 유난히 행복해 보였어요. 해안산책로도 예뻤는데 큰 태풍으로 타격을 많이 입은 뒤 타격을 많이 입어 복구되지 못했던 상황이었습니다. 아름다운 길이 손상된 것도 마음이 아팠고 직접 걸어볼 수 없었던 게 아직도 너무 아쉽네요.

게다가 울릉도는 캠핑하기에도 정말 좋은 섬이에요. 해변에 텐트를 피칭할 수 있는 데크와 샤워장이 곳곳에 있었죠. 별이 쏟아지던 밤하늘, 눈 뜨자마자 보이는 바다 모두 경이로웠어요. 그곳에서 맑은 아침 공기를 마신다는 건 정말, 행복 그 자체였습니다.

올해도 망고와 어떤 여행을 준비하고 있나요?

제주도에 내려온 지 1년이 조금 넘었지만 아직도 제주에서의 일상은 여행처럼 즐거워요. 제주도는 걸을 곳과 캠핑할 곳이 너무 많은, 자연과 공존하는 환상적인 섬이랍니다. 이 섬에서 올해는 망고와 올레길을 완주하고 싶어요. 올레길을 보호자와 함께 완주한 강아지가 두 마리 있다는데, 지금 망고와 총 26개의 코스 중 절반 정도를 걸었습니다. 망고를 올레길을 완주한 세 번째 강아지로 명예의 전당에 올려주고 싶어요.

그리고 섬 여행을 했던 그 순간이 지금도 그리워요. 제주도엔 섬 속의 섬인 우도, 비양도, 가파도, 마라도, 추자도 등이 있습니다. 큰 강아지가 배에 탑승할 수 없는 가파도와 마라도를 제외하고는 망고와 모두 가봤죠. 그 중 추자도가 정말 좋았어요. 이전 추자도 여행 땐 배에 차를 실어서 조금 편하게 캠핑을 즐기고 왔습니다. 올해는 추자도로 백패킹을 가보고 싶어요. 왜 사서 고생이냐고 하겠지만, 그 힘듦이 백패킹만의 매력이잖아요?

소개해드린 울릉도에도 한 번 더 가보고 싶어요. 일주일 정도였던 지난 여정이 너무 짧게 느껴질 정도로 그 섬이 좋았거든요. 더 긴 일정으로 울릉도에 다시 가서 여유를 즐기고, 그때 못 갔던 길도 망고와 걷고 싶어요.

Jindo Is Back

진도가 돌아왔다

어떤 만남은 인생 전체를 바꿔 놓는다. 누구에게나 짧지만 강렬하게 기억되고, 평생 지워지지 않는 일이 있는 법이다. 이 친구도 그렇다. 한 번 마음을 준 반려인을 영원히 잊지 않는다는 강아지, 진돗개. 비집고 들어갈 틈이 없는 이 친구는 어떤 이야기를 품고 있을까.

에디터 강해인

@jejuoreum5

@leeeunchyo

Q. 안녕하세요. 한국인이라면 모르는 사람이 없는, 누가 뭐래도 대한민국 대표 강아지잖아요. 식상할 수 있지만 자기소개 부탁드립니다.

다른 친구들보다 자주 언급되어서 조금 미안한 마음이 있습니다. 그래도 한국 강아지하면 저라는 인식이 싫지만은 않아요. 그만큼 많이 사랑받고 있다는 거잖아요? 인정받고 있다는 증거이기도 하고요. 그래도 삽살개, 동경개(경주개), 풍산개 등 이 땅에 있는 다른 한국 강아지도 잊지 말아 주세요. 소개할게요. 저는 진도 토박이로 유명한 진돗개입니다. 반려인을 향한 한결같고 변함없는 마음으로 유명하죠. 이런 일편단심이 재미있는 에피소드를 많이 만들었고, 덕분에 가장 많이 알려진 강아지가 될 수도 있었던 것 같습니다. 저를 모르는 분은 없잖아요? 이번 기회에 제 이야기와 진심까지 전달할 수 있으면 좋겠네요.

Q. 이번 호 주제가 '섬'입니다. 누구보다 진도를 잘 아실 것 같은데, 진도 소개를 부탁드려도 될까요? 그리고 그곳에서 어떻게 지내고 계신지도 알려주세요.

모처럼 진도 홍보대사 역할을 해봐야겠네요. 한반도의 거의 끝, 전라남도에 있는 진도는 제주도, 거제도에 이어 한국에서 세 번째로 큰 섬입니다. 남쪽의 따뜻한 기후를 가지고 있고, 농업과 어업 등이 발달한 자연친화적인 공간이죠. 그리고 해마다 4월이면 '모세의 기적'처럼 바닷길이 열리는 진풍경도 볼 수 있는 신비한 곳이랍니다. 제가 태어난 곳이라 더 멋진 곳 같지 않나요? '섬'이라는 게 저한테는 특별히 더 중요해요. 옛날엔 섬에서 육지로 갈 수 있는 기회가 적어, 저희 조상님들은 주로 이곳에서만 지내셨을 거예요. 덕분에 진돗개의 혈통도 자연스럽게 유지될 수 있었죠. 자유로운 왕래가 가능한 지금은 더 특별한 방법으로 보호받고 있어요. 1962년, 진돗개는 천연기념물 3호로 지정되었습니다. 정말 국가대표견 맞죠?

진도와 관련된 유명한 이야기도 들려 드릴게요. '백구'로 알려진 진돗개 이야기예요. 백구 할아버지는 1988년에 진도의 돈지리 마을에서 태어나셨어요. 그러다 1993년에 대전으로 가게 되면서 고향을 떠나야 했죠. 그런데 이 백구 할아버지가 7개월 만에 진도에 돌아온 거예요! 무려 300km라는 거리를 뛰어서 말이죠. 이게 말이 쉽지, 엄청난 거리예요. 뼈만 앙상하게 남은 채로 옛 주인에게 돌아온 백구 할아버지 사연에 많은 분이 감동을 받았었죠. 이후에 백구 할아버지를 모델로 한 TV 광고를 시작으로 많은 대중문화 콘텐츠가 제작되기도 했답니다.

Q. 감동적이고 재미있는 이야기네요. 한국에서는 언제부터 지내셨는지 궁금해요. 그리고 백구 할아버지처럼 유명한 이야기가 더 없을까요?

섬이라는 곳에서만 지내서였는지 조상님들의 시작을 명확하게 기록한 곳은 없어요. 일반적으로 진돗개는 수천 년 전, 석기시대 사람들이 기르던 개의 후예로 인정받고 있죠. 그 외에도 설은 몇 가지 더 있어요. 삼국시대에 남송 무역선에서 왔다는 설, 그리고 고려시대 삼별초의 항쟁 때 몽골에서 제주도 목장의 말을 지키기 위해 들여왔다는 이야기도 있습니다.

이 땅에서 오랜 시간 함께했으니 흥미로운 이야기나 전설이 없지 않겠죠? 하나만 알려드릴게요. 조선시대 임진왜란 때였는데, 하루는 진도에 있던 진돗개가 모두 같은 곳을 보고 짖었다는 거예요. 예사롭지 않은 신호였고 사람들이 당황할 수밖에 없었죠. 그런데 다음날, 엄청나게 많은 일본군의 배가 그 방향에서 나타났답니다. 이를 신묘하게 생각해 진돗개를 '신견(神犬)'이라 부르기도 했죠. 진돗개는 충성심이 강하다고 하는데, 나라와 반려인을 향한 마음을 느낄 수 있는 일화입니다. 세상에 이런 강아지가 또 있을까요.

Q. 말씀해주신 것처럼 주인을 향한 애정이 남다르다고 들었어요. 진돗개의 특징을 조금 더 알려주세요.

우선 저는 외형적으로 날렵한 늑대와 닮았어요. 그럴 수밖에 없는 게, 진돗개의 혈통을 따라가면 그 위엔 늑대가 있다는 연구 결과가 있었습니다. 지난 2018년이 개의 해였잖아요. 그때 한국 토종 강아지들의 유전체를 비교 분석했을 때 나온 결과죠. 그리고 진돗개는 쫑긋 위로 향한 삼각형 귀, 둥글게 말린 꼬리가 매력 포인트예요. 두 가지 털을 가지고 있는데, 안쪽 털은 부드럽고, 겉 털은 두껍고 거칠답니다. 이 털의 색에 따라 진돗개를 분류하기도 해요. 전신이 흰색인 백구, 회색인 재구, 호랑이 색의 호구, 누런색의 황구, 그리고 검정 바탕에 눈 위의 무늬 탓에 눈이 네 개로 보이는 네눈박이 등으로 구분하고 있죠. 이제 제 총명한 성격에 관해 말씀드릴게요. 유전적으로 늑대와 공유하고 있는 게 있어 똑똑하고 용맹한 성격을 가지고 있어요. 용감하고 대담한 성격이면서도 조심스럽게 행동합니다. 야생에서 멧돼지 같은 맹수를 만나도 피하지 않고, 오히려 당당히 싸우려고 해요. 성급한 행동을 할 만큼 흥분하지도 않죠.

'충성심'이라고 알려진 부분에 관해서도 조금 더 말해볼게요. 진돗개는 한 명의 주인에게 마음을 주는 종으로 알려져 있습니다. 그렇다고 새로운 주인을 받아들이지 않는 건 아니에요. 다만 어릴 때부터 길러준 반려인에게 가진 애착심이 결코 사라지지 않는다고 해요. 귀소 본능도 강하다고 알려져 있죠. 그래서 다 자란 진돗개와 함께하게 되면, 첫 주인을 찾아 집을 떠나는 일도 있다고 해요. 이건 백구 할아버지 이야기에서 볼 수 있었죠.

Q. CF에도 나오셨다고 들었는데, 그 밖에도 많은 곳에서 활약하셨잖아요. 그 이야기도 듣고 싶어요.

백구 할아버지와 관련된 것만 이야기해도 시간이 부족할 것 같아요. 그 에피소드가 알려진 이후 CF를 비롯해 대중문화에서 진돗개가 등장하는 일이 더 많아졌습니다. 우선 그 감동적인 이야기를 동화로 만든 <돌아온 진돗개 백구>가 있었어요. 그리고 2000년, TV에서 방영된 <하얀 마음 백구>라는 애니메이션도 있었죠. 이게 끝이 아니에요! 당시 가장 트렌디한 콘텐츠였던 게임으로도 백구 할아버지의 여정을 만날 수 있었답니다. 동명의 게임 <하얀 마음 백구>는 무려 3편까지 제작될 정도로 인기가 엄청났다니까요! 게임 대회까지 열릴 정도로 그 인기가 식을 줄 몰랐어요. 진돗개의 인기란 정말... 이렇게 여러분의 문화 속에서 함께 호흡한 덕분에 진돗개는 잘 알려진 강아지가 될 수 있었던 거죠.

Q. 인터뷰 이후 진돗개를 반려하고 싶어 하는 분이 많아질 것 같아요. 그 분들께 하고 싶은 말이 있을까요?

한 명의 반려인만 끝까지 바라본다는 매력 덕에 저를 동경하는 반려인이 많을 거예요. 늘 반려인을 생각하고, 받았던 마음을 잊지 않는다는 점에서 뭉클한 면이 있죠. 실제로 저와 함께하면 늘 든든하고, 사랑받고 있다는 느낌을 강하게 받을 수 있을 거예요. 동시에 반려인을 향한 사랑이 크기 때문에 다른 존재를 낯설어할 수도 있습니다. 그러니 진돗개를 반려하게 된다면, 어릴 때 사회화 훈련을 통해 다른 사람 및 반려동물들과 함께할 수 있게 노력해주세요.

다른 강아지 반려인들에게도 드리고 싶은 말이 있습니다. 저도 많은 사람, 그리고 강아지와 즐겁게 놀 수 있게 노력하고 있어요. 더 친하게 지내면서 즐거운 시간을 만들고 싶죠. 그런데 제 본능을 누른다는 건 생각보다 어렵더라고요. 제 나름대로 애쓰고 있고, 잘 어울릴 수 있게 더 노력할 테니 너무 차갑게만 생각하지 말아주세요. 앞으로도 잘 부탁드립니다!

@leeeunchyo

독도수호 삽살개 “우리가 지킬개”

대한민국 독도를 수호하는 특별한 영웅이 있다. '독도지킴이'라 불리는 삽살개 친구들이다. 1998년부터 두 마리씩 짝을 지어 국토 최동단 섬으로 투입, 총 17마리 견공(犬公)이 25년째 신성한 임무를 수행하고 있다. 제9대 독도지킴이 콤비로, 경상북도 경찰청 독도경비대 소속 대원 20명과 동고동락 중인 '백미'와 '청미'를 만났다.

백미 충성! 2016년생 독도수호견 '사수' 백미입니다. 지난해 3월 31일부터 이 섬에서 지내고 있습니다. 독도는 두 번째예요. 2017년부터 2년 간 제6대 독도지킴이로 활동했거든요. 최초이자 유일한 2회 투입견으로 역사에 이름을 새겼죠, 엣헴. 아무나 독도지킴이가 될 수 없단 건 아시죠? 경북 경산의 삽살개육종연구소에서 훈련 받고 선택 받은 삽살개만 독도로 올 수 있습니다.

청미 충성! 2018년생 '여군' 청미입니다. 백미 사수님, 독도경비대 경찰 오빠들과 매일 독도를 돌며 방범 및 순찰 활동을 하고 있어요. 3~4일에 한 번씩 독도 인근에 일본 순시선이 뜬다는 사실 아시나요? 이처럼 대한민국 영토를 침해하는 외부세력으로부터 섬을 지키고 있죠. 또 독도를 방문하는 국민의 안전을 지키는 것이 우리 임무입니다.

백미 다양한 견종 중 어째서 삽살개냐고요? 대한민국 토종견인 우리는 충성심이 강하고 용감해서 경비에 특화되어 있어요. '삽살(揷煞)'이라는 이름 자체가 '귀신, 액운을 쫓아낸다'라는 의미죠. 또 우리는 일제강점기 일본군의 수탈로 멸종위기를 겪기도 했어요(이후 천연기념물 368호로 선정되는 등 각별한 관리 아래 살아가고 있습니다). 독도를 자기네 땅이라 우기는 일본의 억지에 맞선다는 상징성도 있는 거죠.

청미 독도는 여러가지 이유로 매우 중요한 섬이지만, 악천후와 고립된 좁은 땅 등 생활하는 장소로는 열악한 곳입니다. 2022년 5월 현재 실거주민이 없는 이유이기도 하죠. 그래서 독도수호견은 2년, 독도경비대원은 4주 주기로 돌아가며 투입되고 있어요. 우리 독도지킴이와 독도경비대원은 나라를 지킨다는 긍지와 자부심, 독도를 향한 국민적 관심과 사랑을 떠올리며 영광스러운 마음으로 근무 중입니다. 백미 사수님과 저는 역대 독도지킴이 중에서도 특히나 적응을 잘하고 근무도 잘 서는 삽살개로 인정받아서 더 뿌듯하답니다.

글 독도경비대 임민규 경장
사진 한국삽살개재단 @sapsaree_kr / **에디터** 박재림

백미 독도지킴이의 하루는 경비대원 형들과의 산책으로 시작됩니다. 헬기장 근처 개집에서 출발해 오전 동안 경비대청사 내외, 그리고 독도의 관문이라 할 수 있는 접안지를 돌아요. 황금생태계라 불리는 독도는 바다깔따구부터 괭이갈매기까지 다양한 생물이 서식하고 있습니다. 육지에 있을 때는 보지 못한 신기한 동물과 곤충이 많지만 용맹한 우리는 겁먹지 않아요. 하루는 야생쥐를 발견하고 끝까지 추격하기도 했죠. 야생쥐가 사라진 진흙 언덕을 두 발로 파는 걸 보고 경비대원들이 박수를 보내기도 했습니다.

청미 오후에는 경비대원 오빠들과 독도 지형 순찰을 나가거나 독도를 방문하는 관광객을 맞이하러 나갑니다. 우리는 사람을 유난히 좋아해서 낯선 관광객들을 만나도 꼬리를 흔들며 반기죠. 동해바다 한 가운데 위치한 독도는 악천후를 마주할 때가 많습니다. 장대비가 내리고 폭설이 몰아치고 바람이 세차게 불곤 해요. 그래서 하루 종일 개집이나 경비대 숙소 안에서 있는 날도 많답니다.

백미 외로운 섬에서 지내다 보니 경비대원들과의 관계도 끈끈합니다. 우리는 건식사료를 주식으로 먹지만 가끔 경비대원 형들이 피데기오징어, 삶은 고기를 특식으로 줘요. 독도에 입도할 때마다 개껌과 소시지 등 우리를 위한 간식을 항상 챙겨오고, 목욕을 전담하는 경비대원 형님도 계세요. 경비대원들 사이에서 '백미청미 엄마'라고 불리는 분이죠.

청미 우리 덕분에 경비대의 분위기가 좋아진다는 얘기도 자주 들어요. 경비대 화합의 일등공신이라고들 하시죠. 1년에 한 번씩 우리의 건강 관리와 미용을 위해 한국삽살개재단 수의사님과 관리자님이 독도로 오세요. 기생충 주사도 맞고 이발도 하죠.

백미 청미 교대 주기 상으로는 내년 3월 독도를 떠나지만, 저희가 워낙 독도수호견으로 활동을 잘해서 기간이 연장될 수도 있다고 해요. 영광스럽습니다. 독도에서 지내는 동안 임무를 다하며 국토수호에 힘을 보태는 것이 우리의 목표입니다. 독도를 떠난 뒤에는 언젠가 '반려견'이 되고 싶다는 꿈도 있어요. 제 8대 독도지킴이 활동을 마친 뒤 독도경비대장님 처갓댁으로 입양된 '동해' 선배님처럼 말이죠.

BEING A FAMILY MEANS

처음부터 끝까지 '한결'

어릴 적, 엄마가 항상 입버릇처럼 말씀하신 소원이 하나 있었다. 넓은 땅을 사서 버려지고 학대받은 가엾은 개와 고양이들을 모아 돌보고 싶다고. 나는 아픈 아기를 돌보듯 최선을 다해 강아지를 보듬고 책임지는 부모님의 모습을 보며 자랐다. 그래서인지 생명을 물건 다루듯이 돈으로 거래하고 쉽게 버리고 학대하는 모습을 보는 게 참 힘들다. 충무로의 펫숍 간판 아래, 유리창 너머로 보이는 작은 생명의 눈빛을 안타까워하시던 부모님을 기억한다. 얼마나 많은 생명이 인간의 욕심에 의해 태어나고, 고통 속에 살아가고, 힘들게 죽어가고 있는지… 조금만 관심을 가지고 본다면 도저히 모를 수가 없는 세상이다.

글·사진 손지희 @ssonsson_jh / **에디터** 박조은

남편은 결혼 전까지 한 번도 반려견을 키워본 적이 없다. 하지만 반려견 '청이'와 '지호'를 최선을 다해 사랑하는 내 모습을 본 뒤로 남편 역시 노력하는 반려인이 되었다. 두 아이가 강아지별로 돌아간 이후, 우리 부부는 한동안 봉사와 기부만을 해왔다. 그리고 입양이 아닌 임시보호만 하기로 다짐 또 다짐을 했었다. 그러던 중 SNS로 한 유기견의 사연을 보게 됐다. 한 가족에게 입양되어 '노엘'이라 불리던 6개월 아이가 파양으로 인해 임보처에 돌아와 새로운 가족을 찾는다는 것이었다.

반려동물은 가족이다. 가족이라면, 내 아이라면, 편의에 따라 그렇게 버리고 학대하고 방치할 수는 없는 것 아닌가. 말도 안 된다. 참 안타까웠다. 아기 강아지가 아닌 성견은 입양을 가기가 얼마나 어려운지, 특히나 '파양'이라는 꼬리표를 달고 있는 아이를 향한 사람들의 편견이 얼마나 심한지를 알기에 화가 났다. 그래도 노엘이는 누가 봐도 귀엽고 완벽한 강아지였던지라 '분명 입양 희망자가 줄을 서겠지. 좋은 가족을 다시 금세 만날 거야' 하며 상황을 지켜봤다.

인연이라는 게 정말 있는 걸까? 나는 어느새 남편과 노엘이 입양을 의논하고 있었다. 밤을 새며 입양 신청서를 고심해서 쓰고, '무슨 이름을 지어주는 게 좋을까' 하며 이런저런 상상을 했다. 그렇게 며칠이 흐른 후 노엘이는 너무나도 자연스레 우리 집에 오게 되었다. '한결'이라는 이름으로. 존재만으로도 완벽하고 감사한 가족으로.

2020년 초여름 우리 가족이 된 한결이는 어느새 2살이 훌쩍 넘은 강아지가 되었다. 한결이는 아직도 겁이 참 많다. 산책 중에 경적 소리가 들리거나 현수막이 펄럭거리면 펄쩍 뛰어 도망가고, 집안에서조차 비닐봉지 떨어지는 소리만 들려도 깜짝 놀라 눈이 튀어나올 듯 커진다. 처음에는 더했다. 우리 부부를 처음 만난 날에는 가까이 오지 말라며 멍멍 짖기도 했고, 물건이 바닥에 떨어지기만 해도 몸을 부들부들 떨며 무서워했다. 얼마나 마음이 아프고 미안하던지… 임보처에서 체력이 좋고 활발했다는 한결이와 어질리티도 배우고 운동도 하려고 했지만, 일단 모든 계획을 내려놓았다. 우리와 함께라면 안전하다는 생각을 심어주는 것이 먼저였다. 그리고 올해 6월, 입양 2주년을 맞이한 한결이는 조금은 더 용감해졌다. 산책 중에 잠깐 커피를 사는 동안 가게 앞에서 기다리는 멋진 강아지가 되었다. 아직도 세상이 무섭긴 하지만, 가족이 돌아올 거라는 것을 알기에 꾹 참아낸다. 고마운 산책 동반자다. 이제는 원하는 것을 명확히 표현할 줄도 알고, 작은 머리를 열심히 굴리며 엄마 아빠가 하는 말을 알아들으려 노력하고, 어리광과 투정도 부릴 줄도 안다. 한결이로 인해 우리 부부가 정말 큰 행복을 느끼고 있다.

나는 한결이를 낳아준 엄마 개를 매일 생각한다. 한결이는 어미, 그리고 형제들과 구조되어 보호소로 들어갔다. 안타깝게도 한결이의 형제들은 가족을 만나지 못한 채 별이 되었고, 어미는 공고 기간이 끝나기도 전에 안락사를 당해 세상을 떠났다. 우리 한결이도 첫 번째 임보자님의 눈에 띄지 못했다면 지금 내 옆에 없었을 지도 모른다. '안타까운 아이들에게 조금 더 적극적으로 손을 내밀었다면, 한결이를 낳아준 엄마도 어디선가 가족의 사랑을 받으며 살고 있지 않았을까' 하는 생각이 들어 미안하다. 그 마음으로 오늘도 한결이를 많이 사랑해 주고 행복하게 해주려고 노력한다.

미디어에서 유행처럼 개의 품종을 논하고, 버려진 강아지들에게 '유기견은 어떠하다'라는 프레임을 씌우는 세상이다. 나는 생명은 그렇게 쉽게 다루는 게 아니라고 말하고 싶다. 논두렁 한복판에서 태어난 우리 개도 이렇게 건강하고 완벽한 존재라고, 가족은 돈을 주고 사는 인연이 아니며, 가족을 이루는 건 아주 진지하게 고민해 봐야 할 문제라고.

세상의 모든 생명은 어느 하나 소중하지 않은 게 없다. 잔디 사이를 부지런히 오가는 개미 한 마리 조차도 다 이유가 있어서 태어난 고마운 존재다. 인간에게 그 생명들을 함부로 대할 자격은 없다. 이 글을 읽은 누군가는 다소 극단적인 생각이라고 느낄지도 모른다. 하지만 나는 이렇게 생각하는 사람들이 언젠가는 세상을 바꿀 수 있다고 믿는다. 이런 마음이 모여 내일, 그리고 그 다음 날에는 우리 한결이 같은 아이들이 더 행복한 하루를 살아갈 수 있으리라. 모두가 주어진 명대로 지구별에서 살다 갈 수 있길 바라며, 오늘도 한결이와 재미난 하루를 보내려고 한다. 이 고마운 생명에게 사랑을 주는 것만으로도 하루는 너무나 짧으므로.

Hello, I'm Junsang I'm Looking For My Family

준상♂ / 2020년 10월생(추정) / 8kg

"입에는 짜장을 묻히고 브라운&화이트 믹스 코트를 입고 있어요. 성격도 여러 가지 색깔을 가지고 있답니다. 밖에선 에너지 넘치게 친구들이랑 신나게 잘 놀고요. 집 안에서는 신사다운 모습으로 점잖게 쉬어요. 낯을 좀 가리는 편이지만, 천천히 친해지고 나면 기다린 만큼 큰 사랑과 애교를 받으실 수 있을 거예요!"

준상이를 처음 만났던 건 2021년 초 추운 겨울날이었어요. 지인이 임시보호하던 유기견을 우연히 보러 갔죠. 처음 만난 준상이는 세상에 태어난 지 고작 2-3개월 된, 제가 주는 간식은 덥석 받아먹으면서도 손길은 어색해하는, 작고 소심한 성격의 아기 강아지였어요.

그렇게 몇 달이 지나고 제주도에서 준상이를 입양하겠다는 가족이 나타났어요. 하지만 기쁜 마음도 잠시, 한 달이 채 안 되어 입양이 무산되었어요. 당장 데려가라는 입양자의 말에 준상이는 제주에서 단기 위탁처를 전전하게 되었어요. 매달 환경이 바뀌는 스트레스를 감내해야만 했죠. 게다가 제주에 사는 동안 진드기에 물려 '바베시아'라는 병에 걸렸어요. 제주에서는 바베시아가 흔한 질병이라고 하더라고요. 다행히 지금은 모든 치료를 마쳤고 완치 판정을 기다리고 있답니다.

준상이의 소식을 전해 듣고 마음이 아팠어요. 깊은 고민 끝에 임보를 결심했죠. 처음 저희 집에 왔을 때, 준상이는 스트레스 수치가 무척 높은 상태였어요. 매달 임보처가 바뀌는 과정에서 많이 혼란스러웠던 것 같아요. 배변패드를 찢기도 하고 문 열리는 소리에 크게 반응했어요. 사람을 향한 불안감도 커서 가까이 다가가거나 만지려고 하면 깜짝 놀라며 피하기도 했죠. 이런 일도 있었어요. 침대에서 쉬고 있던 준상이와 눈이 마주쳤는데 갑자기 발라당 누워 배를 보여주는 거예요. 저는 '이제 마음을 열었구나!'라고 생각했고 기쁜 마음에 배를 쓰다듬어줬어요. 그런데 제 손이 몸에 닿자마자 쉬를 싸버리더라고요. 제가 큰 실수를 했다는 걸 깨달았죠. 사실 아이가 하고 싶었던 말은 '나를 만져줘'가 아닌 '나는 무방비 상태야. 나에게 가까이 오지 말아 줘'였던 거예요. 크게 반성했어요. 그리고는 마음에 안정을 주기 위해 훈련사 선생님과 함께 교육을 시작했죠.

이후로는 준상이를 단 한 번도 만지지 않았어요. 옆에 와서 쉬고 싶어 하면 쉬고 싶은 대로, 멀리 떨어지면 떨어지는 대로, 그대로 내버려 두었어요. '너가 원하지 않으면 함부로 너를 만지지 않을 거고, 나는 절대 너를 힘들게 하지 않을 거야'라고 전하고 싶었어요. 그렇게 2주가 흐른 어느 날, 준상이가 먼저 다가왔어요. 엉덩이를 제 몸에 붙이고 두 귀로 수제비 모양을 만들며 살짝 저를 쳐다보는데… 정말이지 그 순간이 너무나도 감동적이어서 평생 기억에 남을 것 같아요. 훈련사 선생님께 이 일을 말씀드렸더니 그래도 많이 만지지 않는 것이 좋다고 하셨어요. 오히려 다가올 때 만지지 않고, 무심하게 한 번 터치한 뒤 간식을 주면 스킨십에 대한 좋은 기억이 생길 거라고 하시더라고요.

글·사진 김지수 @junsang_infosterhome / **에디터** 박조은

사지 말고 입양하세요

그렇게 연습했더니 놀라운 변화가 생겼어요. 이제 준상이는 시도 때도 없이 다가와 엉덩이를 긁어 달라며 조른답니다. 눈곱도 맘껏 떼어주고, 산책 후에 발도 편안하게 닦아주고, 제일 좋아하는 빗질도 맘껏 해줄 수 있게 되었어요. 신뢰를 쌓고 천천히 친해지는 과정을 거치면 그 어떤 강아지보다 애교가 많은 아이라는 것도 알게 되었죠. 함께 반려동물 동반 카페도 다녀왔습니다. 수다를 떠는 동안 가방 안에서 몇 시간이나 편안하게 기다려주더라고요. 정말 착한 아이예요. 차도 얼마나 잘 타는지 몰라요. 카 시트 위에 엎드려서 쉬거나 자면서 이동한답니다. 또 실내외 배변 모두 완벽해요. 저희 집에 온 첫 날부터 패드에 완벽하게 조준했어요. 남자 아이지만 마킹이 전혀 없고 실내에서 소변을 볼 때는 다리를 들지 않아요. 그래서 벽까지 청소할 일이 없어요. 물론 새로운 환경에서는 적응할 때까지 실수할 수 있으니 초반에는 너그럽게 이해하는 마음이 필요합니다.

준상이에게는 천천히 친해질 수 있는 시간이 필요해요. 낯가림 없이 애교를 듬뿍 장착한 강아지들도 있지만 그렇지 않은 강아지들도 많아요. 사람과 똑같이 아이들마다 성격이 천차만별이죠. 너그러운 마음으로 시간을 주실 여유롭고 차분한 성향의 보호자를 찾습니다. 최대한 빨리 좋은 가족이 생겼으면 좋겠어요. 준상이가 평생 가족을 만나 행복한 견생을 누릴 수 있기를 진심으로 바라요.

LET'S MAKE OUR WORLD BETTER TOGETHER

온기를 모아모아

자료제공 애신동산 @aeshindogscats / **에디터** 박재림

초여름 햇살 아래 세상이 광합성에 한창입니다. 공원을 산책하는 댕댕이도, 그늘 아래 낮잠 자는 냥이도 힘이 넘쳐요. 반려동물 전문 매거진 mellow도 씩씩하게 vol.3 매거진을 만들었습니다. 그 사이 독자님들께서 구매한 vol.2 기부금(권 당 1000원)도 풀잎 위 이슬처럼 송글송글 모였고요.

vol.1에 이어 vol.2 기부금은 지난 5월 유기동물 보호소 <애신동산>에 전달되었습니다. 애신동산은 경기도 포천의 사설보호소로, 유기견 400여 마리와 유기묘(들고양이 포함) 30여 마리를 돌보고 있어요. 30년 전 문을 연 이곳은 한 때 개체수가 1200마리를 넘기는 등 제대로 운영되지 못한 시기도 있었지만 2010년 초반부터 봉사자들이 보호소 운영에 관여하면서 최악의 상황에서 벗어날 수 있었습니다.
전체 개체수의 80% 이상이 10살이 넘는 노령견·노령묘로 건강 문제가 가장 큰 걱정인 가운데 이번 vol.2 기부금은 애신동산의 강아지 '레이'의 병원 치료비, 마당 고양이들의 예방 접종 및 구충약 구비에 사용되었습니다.

2010년 애신동산에서 태어난 것으로 추정되는 레이는 2017년 봄 처음 발작 증세를 일으켰다고 해요. 정확한 원인이 지금껏 밝혀지지 않은 가운데 여러 차례 약을 바꾸며 치료를 받고 있습니다. 여러 분들의 도움으로 레이의 상태는 처음보다 많이 호전되었지만 여전히 간헐적으로 발작 증세를 일으키고 있어요. 짧게는 1~2분, 길게는 10분 넘게….
매달 20만원 가량의 약값이 필요한 상황. mellow 독자님들께서 모아 주신 vol.2 기부금 일부는 레이의 3개월치 병원비로 사용되었습니다. 애신동산 권민정 담당자는 "처음 발작 증세를 일으킨 날, 젖은 흙바닥에서 발버둥치던 레이의 모습이 저릿하게 남아있어요. 레이가 병마와 싸워 이겨서 해맑은 모습을 되찾길 바라요"라고 전했습니다.
병원 치료를 받으면서부터 임시보호소, 그리고 임시보호 가정에서 지내고 있는 레이는 보호자 분들의 지극한 케어 덕분에 평소에는 매우 밝게 살아가고 있다고 해요. 발작 증세가 없을 땐 점잖은 신사를 보는 것 같다죠.

레이의 후원을 포함한 애신동산의 후원, 입양문의, 봉사활동과 관련된 사항은 애신동산 봉사자모임 홈페이지(https://aeshindongsan.modoo.at)와 카카오 페이지 '애신동산봉사자모임'에서 확인할 수 있습니다.

발행처

(주)펫앤스토리

Publisher

옥세일 Seil Ok

Contents & Editorial Director

김은진 Eunjin Kim

Senior Editor

조문주 Munju Jo
박재림 Jaelim Park

Editor

박조은 Joeun Park
강해인 Haein Kang

Art Direction & Design

김은진 Eunjin Kim

Senior Designer

최형윤 Hyeongyun Choi

Designer

김서연 Seoyeon Kim

Illustrator

오지원 Jiwon Oh

Sales & Distribution

이재호 Jaeho Lee

Management Support

정선국 Sunkook Jung
안시윤 Siyun An

Marketer

김은진 Eunjin Kim
강해인 Haein Kang

Pubilshing

(주)펫앤스토리
도서등록번호 제 2020-00135호
출판등록일 2005년 3월 17일
ISSN 2799-5569
창간 2010년 9월 14일
발행일 2022년 5월 20일

(주)펫앤스토리

경기도 용인시 수지구 신수로 767
분당수지유타워 A동 2102호
767, Sinsu-ro, Suji-gu, Yongin-si,
Gyeonggi-do, Republic Of Korea

광고문의

mellowmate@petnstory.com
070 8671 3423

구독문의

mellowmate@petnstory.com
070 8671 3423

Instagram

magazine_mellow

Web

mellowmate.co.kr

mw

mellow에 수록된 모든 글과 그림은 저작권법에 보호받는 저작물입니다. 해당 저작물의 무단 전재와 무단복제를 금합니다. 책의 내용을 이용하시려면 반드시 저작권자와 (주)펫앤스토리의 동의를 받아야 합니다.